Laura Hermes · *Traum und Traumdeutung in der Antike*

Artemis & Winkler

Laura Hermes

Traum und Traumdeutung in der Antike

Artemis & Winkler
Zürich und Düsseldorf

Die Deutsche Bibliothek – CIP-Einheitsaufnahme

Hermes, Laura:
Traum und Traumdeutung in der Antike / Laura Hermes. –
Zürich ; Düsseldorf : Artemis und Winkler, 1996
(Antike aktuell)
ISBN 3-7608-1132-9

Artemis & Winkler Verlag Zürich/Düsseldorf

Satz: Jung Satzcentrum, Lahnau
Druck und Bindung: Clausen & Bosse, Leck
Printed in Germany
ISBN 3-7608-1132-9

Inhalt

Die Träume kommen von Zeus… – Zur Bedeutung und Erklärung des Traumerlebens im Altertum

Gewalt im Traum, Gewalt des Traums

Sie wissen genau, was sie wollen. Und sie zögern auch nicht, Gewalt einzusetzen, um sich das Objekt ihrer Begierde gefügig zu machen: Zwei Frauen zerren heftig an dem Jüngling; jede hat ihn bei einer Hand gepackt und versucht, ihn mit aller Gewalt auf ihre Seite zu ziehen. Nachgeben kommt nicht in Frage; das käme einem Gesichtsverlust gleich. Zäh behaupten sie die jeweilige Position. Wenn eine von ihnen kurzzeitig die Kraft verläßt, findet sich der junge Mann in den Armen der anderen wieder, aber wenige Augenblicke später hat ihre Kontrahentin neue Kraft geschöpft und zieht ihn vehement zu sich hinüber. Dem Opfer kommt es fast so vor, als werde es bei diesem wüsten Gezerre in Stücke gerissen. Das verbissene Ringen um den Jüngling wird von gewaltigem Geschrei der beiden begleitet: «Er ist mein!» ruft die eine, «ich habe das ältere Recht an ihm und lass' ihn mir nicht wegnehmen!» – «Er geht dich nichts an!» keift die andere zurück, «du hast keine Chance, ihn zu kriegen!»

Von ihrem Äußeren her könnten die beiden Frauen, die da mit allen Mitteln um die Gunst des Jünglings kämpfen, unterschiedlicher nicht sein. Die eine hat herbe, fast männliche Züge. Ihr Gesicht ist von harter körperlicher Arbeit gezeichnet, ebenso ihre schwieligen Hände. Ihre Haare sind schmutzig, Kalkstaub bedeckt ihren ganzen Körper und ihren hoch geschürzten Rock. Von feinen Gesichtszügen dagegen die andere; Gesittung und Vornehmheit prägen ihr Aussehen, ihre Kleidung ist zierlich und adrett.

Des unwürdigen Streites überdrüssig, einigen sich die beiden schließlich darauf, den jungen Mann selbst entscheiden zu lassen, bei wem er bleiben will. Grundlage seiner Entscheidung sollen Reden sein, in denen die beiden sich ihm präsentieren und ihm die Vorteile in Aussicht stellen, die sie ihm bei der «richtigen» Wahl garantieren können. Die zuvor handgreifliche Auseinandersetzung verlagert sich so auf eine argumentative Ebene.[1]

An diesem Punkte verlassen wir das kontroverse Geschehen mit seinen drei anonymen Gestalten und schlüsseln es auf. Die beiden Frauen, die so wenig *ladylike* um den jungen Mann buhlen, sind die Bildhauerkunst auf der einen und die Gelehrsamkeit auf der anderen Seite. Den Part des Opfers haben sie Lukian zugewiesen, dem späteren Schriftsteller, der sich als begnadeter Satiriker und gleichermaßen unterhaltsamer wie tiefgründiger Essayist einen Namen machen sollte.

Das Ganze war ein Traum – der Traum, den Lukian in jener Nacht hatte, nachdem er den ersten Tag an seiner Lehrstelle als Bildhauer bei seinem Onkel verbracht hatte. Besonders die grobe Behandlung durch seinen Onkel – der hatte ihm wegen einer Ungeschicklichkeit einen sehr eindringlichen «Willkommensgruß» mit der Peitsche verpaßt – hatte den jungen Mann in große Zweifel gestürzt, ob dieser Beruf das Richtige für ihn sei. Den Abend brachte er betrübt und nachdenklich zu. Tränen schossen ihm jedesmal in die Augen, wenn er sich sein künftiges Schicksal als Bildhauer-Geselle ausmalte. Endlich fiel er erschöpft in einen unruhigen Schlaf – und da erschienen ihm die beiden Frauen, die alsbald heftig um ihn zu streiten begannen.

Man kann sich unschwer denken, wie der Streit ausgegangen ist. Lukian ließ sich – natürlich – von der feineren, edleren Frau betören und folgte ihren, der Gelehrsamkeit, Verlockungen. Der derberen, bodenständigen Handwerkskunst sagte er im Traum Ade – und am nächsten Morgen setzte er diesen Entschluß in die Tat um. Er ließ sich in der Werkstatt seines Onkels nicht mehr blicken, sondern tauschte diesen Ausbildungsplatz gegen die Hörsäle von Rhetorik- und Philosophieprofessoren ein.

Den Ausschlag für diese Berufsentscheidung hatte der Traum gegeben – jedenfalls stellt der Schriftsteller es in seinem «Lukians Traum» so dar. Wirklichkeit oder literarische Konvention? Stilisierung eines banalen Traumes mit Hilfe mythologischer Anleihen – «Herakles am Scheideweg» läßt grüßen – zu einem existentiell bedeutsamen Traumerlebnis? Produkt einer nächtlich regen, gleichsam unkontrollierten Phantasie oder einer sehr wohl rational gesteuerten, sozusagen professionellen Einbildungskraft?

Die Fragen lassen sich nicht eindeutig beantworten. Fest steht jedoch, daß selbst ein so nüchterner, kritischer Kopf wie der große Spötter Lukian einem übersinnlichen Erlebnis solche Bedeutung beimaß, daß er die grundlegende Entscheidung seines Lebens davon abhängig machte – oder es zumindest vorgab. Einer, der selbst Götter und uralte Traditionen mit seiner bissigen Ironie nicht verschonte und jede Form von Aberglauben verulkte, hatte keine Bedenken, sich zur Traumgläubigkeit zu bekennen. Und er konnte offenbar sicher sein, daß seine Leser ihm das abnahmen.

Traumgläubig? – Aber sicher!

Kein Wunder in einer Welt, die den Traum als Erkenntnisquelle für künftiges Geschehen außerordentlich ernst nahm! Lukian befand sich da in bester Gesellschaft. Nicht nur einfache Leute, vom Sklaven über den Handwerker bis zum Bauern, befragten ihre Träume hinsichtlich ihrer persönlichen Zukunft und ließen sich durch Traumerlebnisse emotional stark beeinflussen. Auch Ärzte und Intellektuelle, römische Kaiser und griechische Philosophen glaubten in ihrer Mehrzahl fest an die wahrheitskündende Kraft der nächtlichen Botschaften. Sokrates sah im Traum seine Hinrichtung voraus,[2] Caesar träumte, mit seiner Mutter zu schlafen (und ließ sich das nur allzugern als Prophezeiung seiner künftigen Stellung als Alleinherrscher über die römische Welt auslegen),[3] Septimius Severus ließ sich durch einen Traum zum Staatsstreich hinreißen – und wurde Kaiser,[4] hervorragende Ärzte wie Galen folgten ihren Traumeingebungen bei der Behandlung ihrer Patienten,[5] Dichter führten ihre Inspiration auf göttliche Traumanweisungen zurück,[6] Historiker wie Dio Cassius erhielten ebenfalls im Traum den «Befehl», die Geschichte ihrer Zeit zu schreiben,[7] und auch die Entscheidung, das Römische Reich fortan im Vertrauen auf den Gott der Christen zu lenken, soll auf eine Traumvision Konstantins zurückgegangen sein.[8]

Wohin man in der Antike auch blickt: Träume greifen allenthalben in das Leben der Menschen ein, in der Wirklichkeit ebenso wie in der literarischen Fiktion. Der Traum ist eine gewaltige Macht, der sich nur eine Minderheit zu entziehen wagt. Die Mehrheit dagegen ist sich sicher: Die Träume kommen von Zeus.

«Ältestes Orakel der Menschheit»

Als «ältestes Orakel der Menschheit» bezeichnet Plutarch den Traum, und zugleich bestätigt er, daß «die meisten Menschen an die göttliche Herkunft der Träume glauben»[9]. Ebenso ein halbes Jahrtausend vor ihm Xenophon: Auch für ihn sind Träume unmittelbar von den Göttern gesandt.[10] Wenn der Körper ruht, kann die Seele gewissermaßen Kontakt zu jenen übersinnlichen Kräften aufnehmen, mit denen sie verwandt ist.

«Im Schlaf bekundet die Seele eindeutig ihre göttliche Natur. Im Schlaf wird ihr eine Art Einblick in die Zukunft gewährt, und das geschieht offenbar, weil sie im Schlaf vollkommen frei ist»[11] – diese Überzeugung Xenophons, daß der Traum ein Mittel göttlicher Offenbarung sei, findet sich seit frühesten Zeiten. Erstmals faßbar ist sie in den homerischen Epen. Die Götter, allen voran der allmächtige Zeus, nutzen demnach den Schlaf der Menschen, um mit ihnen in Verbindung zu treten. Sie erscheinen dem Träumenden entweder selbst oder offenbaren sich ihm in der Gestalt eines ihm nahestehenden Menschen. Die Botschaft gelangt dann zwar aus dem Munde eines Sterblichen an den schlafenden Adressaten, aber es wird ihm ganz klar gemacht, daß sie auf einen göttlichen Auftraggeber zurückgeht. Bevorzugte «Objekte» wichtiger Traumbotschaften sind die Vornehmen und Mächtigen. Sie sind aufgrund ihrer sozialen Stellung die würdigen Ansprechpartner der Unsterblichen. Zumindest kann man davon ausgehen, daß ein Traum um so verläßlicher ist, je höher der Träumende auf der gesellschaftlichen Rangleiter steht. Weiterhin kam dem Traum besondere Glaubwürdigkeit zu, der sich gegen Ende der Nacht einstellte: Die frühe Morgenzeit war die eigentliche «Stunde der Wahrheit»[12].

Nicht *alle* Träume, das wußten auch die Traumgläubigen, waren Boten der Wahrheit. Es gab auch trügerische oder zumindest bedeutungslose Träume. Homer beschreibt diese Erfahrung in dem schönen Bild von den zwei Pforten, aus denen die Träume zu den Schlafenden treten. Die eine Pforte ist aus glattem Horn erbaut. Durch sie kommen die wahrheitskündenden Träume zu den Menschen. Die andere Pforte aber ist aus Elfenbein. Was dort heraustritt, sind Traumgebilde, die «den Geist durch trügerische Verkündung täuschen»[13].

Traumarbeit mit Hilfe professioneller Interpreten

Wie soll der einzelne entscheiden, ob sich ihm eine göttliche Macht im Traum geoffenbart hat oder ob er das Opfer eines trügerischen Traumphantoms geworden ist? Als Helfer dafür boten sich seit frühester Zeit spezialisierte Traumdeuter an, die die Träume analysierten und auslegten. Zahllose Menschen, ob Könige oder Sklaven, haben diese professionelle Hilfe gern in Anspruch genommen. «Traumarbeit» war um so notwendiger und intensiver, je wirrer und absurder sich ein Traum darstellte. Gerade die Inkohärenz des Traumgeschehens, seine «Irrationalität» und sein Durcheinander erschienen zum einen als Indizien für eine übernatürliche, mit normalen Maßstäben nicht zu messende und zu beurteilende seelische Erfahrung, die von einer höheren Macht ausgehen mußte. Zum anderen waren eben das die Charakteristika eines Traums, die einen, modisch ausgedrückt, besonderen Erklärungsbedarf hervorriefen.

Und so erfreute sich die Wahrsagungsbranche der Traumdeuter im ganzen Altertum größter Popularität. Zumal in Krisenzeiten hatten sie großen Zulauf. Besonders abergläubische Menschen konnte man daran erkennen, daß sie, sobald sie nachts geträumt hatten, am nächsten Morgen unverzüglich einen Traumdeuter aufsuchten.[14] Es entwikkelte sich im Laufe der Jahrhunderte ein immer feiner differenziertes System der *oneirokritike,* der Traumdeutung. Zahllose Deutungserfahrungen – vor allem die Symbolik der Traumgegenstände – wurden gesammelt und in einer umfangreichen Fachliteratur zusammengestellt: Traumdeutung war eine anerkannte Weissagungs-Technik, die auch dadurch nicht desavouiert wurde, daß sich in die Reihen der Traumdeuter immer wieder Scharlatane einschlichen, die keineswegs den von ihnen beanspruchten besonderen «Draht» zu den göttlichen Traum-Sendern hatten und weniger mit dem «wahrheitskündenden» Zeus als mit dessen geschäftstüchtigem Sohn Hermes im Bunde waren.

Bilder, die durch Poren eindringen

Wie hatte man sich die nächtliche Verbindung zwischen Gottheit und Mensch «technisch» vorzustellen? Wie gelangten Träume, wenn sie denn von außen kamen, in die Seele? Eine erste Antwort darauf gab die pythagoreische Philosophenschule. Die Pythagoreer glaubten, daß die Luft mit Seelen erfüllt sei, und zwar mit denen von Dämonen und Heroen. Die nähmen mit den ihnen verwandten Seelen der Menschen Kontakt auf und schickten ihnen bedeutsame Zeichen aufgrund der höheren Einsicht, zu der sie fähig seien – eine Form der Telepathie, insofern der träumende Mensch Signale von Urhebern empfängt, die ihm von außen, «aus der Ferne», ganz bewußt etwas mitteilen wollen. Der Träumende ist danach viel mehr Objekt als Subjekt des Traumgeschehens: Er *hat* nicht den Traum, sondern er *erhält* ihn. Was er träumt, kommt nicht aus seinem Inneren, sondern wird sozusagen in ihn hineingeschickt.

Ganz ähnlich, nur noch anschaulicher, erklärte Demokrit im 5. Jh. v. Chr. das Traumgeschehen. Er geht von *eidola,* mit göttlicher Kraft ausgestatteten «Bildern», aus, die überall im Universum umherschweben. Diese Bilder strömen kontinuierlich von Personen und Dingen aus und dringen durch die Poren in den Körper der Schlafenden ein. Auf diese Weise gelangen sie in deren Bewußtsein und lassen sich von den Träumenden gleichsam erschauen. Auch dies eine Theorie, die einen telepathischen Ansatz verfolgt: Die Träume werden von den seelischen Aktivitäten derer übertragen, von denen sie ausgehen. Der Schlafende könnte sich, selbst wenn er es wollte, gegen das Eindringen der Bilder durch seine Poren nicht zur Wehr setzen: Seine Seele ist den von außen wirkenden Mächten ausgeliefert.

«Dämonische» Kräfte – Aristoteles über den Traum

Skeptisch gegenüber dieser «Fremdbestimmung» des Träumenden ist Aristoteles. Der große Philosoph und Naturforscher des 4. Jh. v. Chr. hat sich in zwei kleinen Schriften mit dem Rätsel des Traums auseinandergesetzt.[15] Er glaubt nicht an gottgesandte Träume, stuft sie aber immerhin als «dämonisch» ein und attestiert ihnen damit übermenschliche Qualität. Aber er sucht die Ursache für die Träume nicht in äußeren Einflüssen, sondern im Menschen selbst.

Im Wachzustand, so seine Theorie, werden unsere Sinnesorgane durch eine Fülle unterschiedlichster Impulse stimuliert. Dabei findet ein Verdrängungswettbewerb statt: Die stärkeren Eindrücke unterdrücken die schwächeren, erlauben es ihnen nicht, sich bemerkbar zu machen und Wirkungen zu erzielen. Die so verdrängten Impulse bleiben aber trotzdem in den Sinnesorganen zurück. Im Schlaf bekommen sie dann ihre Chance. Dann nämlich werden keine zusätzlichen Eindrücke aufgenommen, und so werden die noch vorhandenen, im Wachzustand aber nicht zum Zuge gekommenen schwächeren Impulse reaktiviert. Der Traum ist nach Aristoteles die Erfahrung der Bewegungen, die diese Eindrücke nun in ihrer Reaktivierungsphase verursachen.

Kommt den so ausgelösten Träumen prophetische Kraft zu? Grundsätzlich nicht, sagt Aristoteles. Aber er sieht gleichwohl drei Möglichkeiten, die den Traum zu einem mantischen Ereignis machen, durch das der Träumende etwas über seine Zukunft erfährt. Da ist zum einen der pure Zufall. Bei so vielen Träumen, die in jeder Nacht geträumt werden, kann es gar nicht ausbleiben, daß einige rein zufällig «in Erfüllung» gehen. Da stimmt dann die spätere Wirklichkeit einfach mit dem Traumerlebnis überein, ohne daß es eine kausale Beziehung zwischen beiden gäbe.

Bedeutsamer sind die anderen beiden Möglichkeiten. Die eine setzt bei der aristotelischen Theorie der Träume an. Es ist gut möglich, meint Aristoteles, daß sich in der Hektik des Tages bestimmte Impulse nicht durchsetzen können, die eine Veränderung anzeigen wollen. Eine Veränderung im emotionalen oder mentalen Bereich, eine Veränderung aber auch in physischer Hinsicht. Solche Symptome werden im Wachzustand von stärkeren Eindrücken überlagert, melden sich aber im Schlaf zurück. Das Ereignis wird damit im Traum von demselben Faktor angekündigt, der es dann in der Wirklichkeit auslösen wird – ein Vorahnen oder Voraus-Sehen, das keine prophetischen Fähigkeiten bedingt, sondern durch eine Art Hineinhorchen in sich selbst ermöglicht wird. Und «horchen» kann man dann besonders gut und genau, wenn die zahlreichen Begleitgeräusche des täglichen Trubels ausgeblendet sind – im Schlaf eben. Insbesondere im medizinischen Bereich mißt Aristoteles diesem Vorher-Sehen einige Bedeutung bei.

Die dritte Möglichkeit scheinbarer Traummantik ist für Aristoteles der Traum oder der Wunschtraum, der selbst zum Auslöser des Ereignisses wird. Der Traum wirkt als *self fulfilling prophecy:* Man träumt es, man will es, man setzt es in die Tat um. Auch hier kommt dem Traum keine prophetische Funktion zu. Er setzt lediglich etwas in Gang, das im Träumenden unbewußt schon angelegt war oder das er unter dem starken Eindruck des Traumgeschehens zu wollen beginnt. Wobei aber durchaus eine «höhere» Form des Bewußtseins den Ausschlag dafür geben kann: Der von Aristoteles eingeräumte «dämonische» Charakter des Traums unterscheidet sich ja von dem Normalbewußtsein des Wachzustandes darin, daß er die Verwandtschaft des menschlichen Geistes mit dem Geist der Gottheit stärker zum Ausdruck bringt. Der Traum ist zwar in mir selbst angelegt (und kommt eben nicht von außen), aber es ist ein anderes, ein spirituell erweitertes Ich, das mir das Traumerlebnis ermöglicht. Ich erfahre mich da anders, als wenn alle meine Sinne und meine Vernunft «normal» funktionieren. Träume haben also, auch wenn sie keine zielgerichtete Einwirkung des Gottes darstellen, einen tiefen Sinn.

Zufall versus Vorbestimmung

Die beiden führenden Philosophiesysteme des Hellenismus vertraten in Sachen Traumgläubigkeit diametral entgegengesetzte Positionen. Die Epikureer gehörten zu jener Minderheit, die Traummantik kategorisch ablehnten. Nach Epikur, dem Gründer der Schule, gibt es zwar Götter, doch leben die in der Abgeschlossenheit eines glücklichen, paradiesischen Daseins, aus der heraus sie sich nicht um die Welt oder gar die Geschicke der Menschen kümmern. Sie greifen in das Weltgeschehen nicht ein. Folglich schicken sie auch keine Träume, und folglich ist jeder Versuch, aus den Träumen Zukünftiges heraushören zu wollen, zum Scheitern verurteilt. Wo der Zufall regiert – und das ist epikureische Grundüberzeugung –, ist nichts vorherbestimmt, ist also auch die Zukunft völlig ungewiß und dem Zufall unterworfen. Wie sollte da diese zufällige Entwicklung ausgerechnet im Traum vorausgesehen werden können?

Es ist alles viel einfacher, meinen Epikur und seine Anhänger, und sie machen sich daran, den Traum grundsätzlich zu entmystifizieren. Alle Traumerlebnisse lassen sich demzufolge unschwer mit den am Tage aufgenommenen, beherrschenden Eindrücken erklären. Sie werden im Traum weiter verarbeitet, und so «glauben Rechtsanwälte im Traum Prozesse zu führen und Gesetze zu verfassen, Feldherren zu kämpfen und Schlachten zu schlagen, Schiffer mit den Winden den Kampf aufzunehmen» usw.[16] Und dieses Verarbeiten beschränkt sich nicht auf Menschen, sondern erstreckt sich auf alle Lebewesen: «So wirst du starke Rosse, wenn ihre Glieder im Schlafe liegen, doch schwitzen und immer keuchen sehen..., und die Hunde der Jäger werfen oft noch in sanftem Schlaf plötzlich ihre Schenkel und geben auf einmal Laut...»[17]

«Völlig verfehlt!» wehren sich die Stoiker gegen diese «naive», natürliche Erklärung von Träumen. Für sie stellen Träume einen Dialog göttlicher Mächte mit den Menschen dar. Die menschliche Seele ist nach stoischer Auffassung göttlich, und deshalb darf sie auch – bisweilen – die Zukunft sehen. Die Götter sorgen für die Sterblichen, und die Träume sind Ausdruck dieser Fürsorge: Nächtliche Botschaften, die den Schleier vor der für den Menschen normalerweise rätselhaften Zukunft einen kurzen Moment lüften und ihn einen Blick auf das werfen lassen, was nach Überzeugung der Stoiker ohnehin schon vorbestimmt ist. Insofern kann die Traumvision das künftige Geschehen nicht in irgendeiner Weise beeinflussen oder verändern – es ist ja schon längst festgelegt –, sondern es lediglich zu einem früheren Zeitpunkt erkennbar werden lassen.

An dieser Zukunftserforschung waren die Stoiker trotz ihrer Prädestinationslehre brennend interessiert. Sie waren die eigentlichen Mantik-«Freaks» des Altertums; die Traumdeutung war für sie nur eine von mehreren Techniken, den Willen der Götter im voraus zu erkunden. Das hieß für überzeugte Stoiker aber auch, sich willig nach den Träumen zu richten, um sich der göttlichen Offenbarung würdig zu erweisen. Marc Aurel, der Stoiker auf dem römischen Kaiserthron, bekannte sich denn auch ausdrücklich zu seiner Traumgläubigkeit.[18] Er war offenbar so überzeugend, daß er als einziger römischer Kaiser auch anderen Menschen im Traum erschien und ihnen die Zukunft prophezeite...[19]

«Zeus» wird durch «Gott» ersetzt

Daß die Träume von Zeus kämen, war für die Stoiker der römischen Kaiserzeit so offensichtlich wie für Homer. Eine weit über tausendjährige Tradition hatte, jedenfalls wenn man den geistigen *main stream* verfolgt, standgehalten und sich durch skeptische Stimmen nicht beirren lassen – im einfachen Volk noch viel weniger als im intellektuellen Raum.

Daran änderte sich auch nichts, als das Christentum begann, seine Stimme in die geistige Landschaft der Spätantike stärker einzubringen als zuvor. «Zeus» war natürlich tabu, aber wenn man seinen Namen durch den des christlichen Gottes ersetzte, dann war an der Traumgläubigkeit nichts auszusetzen. «Im Wachzustand ist es der Mensch, der lehrt; im Traum aber befruchtet Gott die Menschen mit seiner Kraft, so daß das Lehren zusammenfällt mit dem Erreichen einer Sache. Befruchten ist nämlich mehr als lehren.»[20]

Der das schrieb, war seines Zeichens Bischof von Kyrene, Synesios mit Namen. Sein Traktat «Über die Träume» aus dem frühen 5. Jh. ist das letzte einschlägige Werk, das uns aus der Antike überliefert ist. Und natürlich verdankt es seine Existenz einem Traum, in dem Synesios von Gott aufgefordert wurde, über Träume zu schreiben ...[21]

1 Lukian, Somnium 2ff.

2 Platon, Kriton 43ff.

3 Sueton, Augustus 7.

4 Herodian II 9, 4ff.

5 Galen XI 314K.

6 Anthologia Palatina VII 42; Ennius, Annalium fragmenta I 4ff.

7 DC LXXII 23.

8 Laktanz, De mortibus persecutorum 44; Eusebios v. Caesarea, Vita Constantini I 27 ff.
9 Plutarch, Moralia 589 d.
10 Xenophon, Anabasis III 1, 22.
11 Xenophon, Kyrupaedia VIII 7, 21.
12 Horaz, Satiren I 10, 33; Ovid, Heroides XIX 195.
13 Homer, Odyssee XIX 559 ff.
14 Theophrast, Characteres 16.
15 Aristoteles, De insomniis, De divinatione per somnum.
16 Lukrez IV 966 ff.
17 Lukrez IV 987 ff.
18 Marc Aurel I 17, 8; IX 27.
19 Historia Augusta Marc. 18, 7.
20 Synesios v. Kyrene, De insomniis 4.
21 Synesios v. Kyrene, Epistulae 154, 15 ff.

«In diesem Zeichen wirst du siegen» – Träume, die die Alte Welt veränderten

Je bedeutender ein Mensch war, je vornehmer und einflußreicher, um so ernster seien seine Träume zu nehmen – davon war man in der Antike allgemein überzeugt. Gerade diejenigen, die die Träume als nächtliche Botschaften der Götter ansahen, glaubten fest daran, daß sich die Überirdischen vor allem hochrangige Persönlichkeiten als Medien aussuchten, um die Zukunft zu enthüllen. Ebenso klar ist, daß, wer es weit gebracht hat, sich selbst besonders ernst zu nehmen geneigt ist – und eben auch die eigenen Träume. So erklärt es sich, daß sich gerade die Mächtigen ihrem Traumdeuter bzw. häufig auch einer ganzen Schar von Trauminterpreten anvertrauten, wenn sie im Schlaf eine verschlüsselte Vision wahrgenommen hatten. Die Träume Prominenter hatten auf diese Weise erheblich größere Chancen, in eine auch daran interessierte biographisch-historische Überlieferung einzugehen.

Natürlich war den Mächtigen auch klar, daß man mit Träumen – tatsächlichen oder erfundenen – Politik machen konnte. Die öffentliche Meinung ließ sich schon nachhaltig beeinflussen und beeindrucken, wenn man wundersame Traumgesichter geschickt in die Öffentlichkeit lancierte. Der unmittelbare Traum-Kontakt mit Überirdischen oder gar deren mehr oder minder eindeutige Aufträgen und Botschaften konnten dazu dienen, Herrschaft zu stabilisieren und zu legitimieren. Die Aussichten, mit dieser Propaganda-Methode Erfolg zu haben, waren wegen der im Altertum weitverbreiteten Traumgläubigkeit erheblich besser als heutzutage.

Im übrigen war und ist es vielen Zeitgenossen und Historikern ein Bedürfnis, Wendepunkte der Geschichte durch ein einzelnes herausgehobenes Ereignis oder, noch besser, ein anschauliches symbolisches Geschehen besonders deutlich zu markieren. Im Altertum gehörten dazu alle möglichen Vorzeichen, darunter eben auch Träume, die etwa die Geburt eines bedeutenden Herrschers oder den Beginn einer neuen Ära ankündigten.

Aus der Fülle solcher aus der Antike überlieferten «geschichtlichen» Träume ist im folgenden eine Auswahl zusammengestellt. Sie enthält einige besonders spektakuläre, berühmte, aber auch einige nicht ganz so bekannte Träume. Die antiken Quellen weisen sie in aller Regel als «echte», «wahre» Träume aus. Doch ist damit über ihre historische Glaubwürdigkeit nichts gesagt. Über die mag sich jeder Leser selbst Gedanken machen. Ideologiekritik und Traumgläubigkeit mögen da ab und zu heftig aufeinander prallen. Was jedoch niemanden hindern sollte, an dem Bilderreichtum, der Originalität der Verschlüsselung und der Vielfalt dieser «historischen» Traumerzählungen Gefallen zu finden.

Traum-Autorität versus Magistrats-Autorität – ein Plebejer in Jupiters Auftrag

Die Geschichte spielt im Jahre 491 v. Chr. – jedenfalls in der Version, wie der augusteische Historiker Livius sie überliefert hat (andere Quellen datieren sie ins Jahr 279 v. Chr.).

Damals feierte man die *Ludi Magni,* die «Großen Spiele». Schauplatz war der Circus Maximus, damals noch eine weitgehend naturbelassene Rennbahn in der Senke zwischen Palatin und Aventin. Kurz bevor die Wagenrennen starteten, kam es am Morgen des Festes zu einem Zwischenfall. Ein erboster Familienvater trieb seinen Sklaven unter Peitschenhieben mitten durch den Circus. Der so Gepeinigte hatte keine Chance, sich gegen die Strafe zu wehren: Sein Herr hatte ihm ein Gabelkreuz auf den Rücken gebunden.

Niemand schenkte dem Vorfall weitere Beachtung. Das Programm der Spiele lief wie geplant ab. In der Nacht aber hatte Titus Latinius einen Traum. Jupiter erschien ihm und teilte ihm mit, an dem merkwürdigen «Vorspringer» im Circus Maximus habe er keinen Gefallen gefunden. Die Spiele müßten deshalb mit gesteigertem Aufwand wiederholt werden. Sonst drohe der Stadt große Gefahr. Dies solle er den Konsuln am nächsten Tage unverzüglich melden.

Nach römischer Auffassung war nun in der Tat eine *instauratio,* eine Neufestsetzung, Wiederholung, unabweisbar, wenn eine kultische Handlung gestört worden war. Und alle «Spiele» waren ja, auch wenn sie vornehmlich der Unterhaltung der Zuschauer dienten, grundsätzlich religiösen Ursprungs.

Latinius wußte das. Aber er zögerte trotzdem. Denn er war ein einfacher Plebejer. Würde er sich nicht vor den hohen Herren lächerlich machen, wenn einer wie er einen gelegentlichen Traum so ernst nahm? Ein Latinius als Werkzeug Jupiters? Das schien ihm denn doch äußerst fraglich, und so entschied er sich, Jupiter hin, *Ludi Magni* her, dagegen, der nächtlichen Aufforderung Folge zu leisten.

Statt die Konsuln zu informieren, ging er seinen normalen Geschäften nach. Wenige Tage später starb sein Sohn ganz plötzlich. In der Nacht nach dem traurigen Geschehen erschien ihm Jupiter erneut: Ob der Preis für die Nichtbeachtung seines göttlichen Willens ihm jetzt hoch genug sei, fragte Jupiter ihn sarkastisch. Und fügte hinzu, daß er noch Schlimmeres zu erwarten habe, falls er den Konsuln nicht unverzüglich Meldung mache.

Latinius kämpfte mit sich. Aber erneut gewann seine Scheu vor der Autorität der hohen Beamten die Oberhand. Er schob die Entscheidung vor sich her. Ein Verhalten, das sich bitter rächen sollte: Urplötzlich befiel den zuvor völlig gesunden Mann eine unerklärliche Schwäche. Eine schwere Krankheit warf ihn darnieder; er war an allen Gliedern gelähmt. Erst jetzt zog er einige Verwandte ins Vertrauen. Er schilderte ihnen die beiden Träume und fragte sie um Rat. Alle Anwesenden waren sich einig: Die Konsuln mußten schleunigst informiert werden.

Kurze Zeit später brachte man den Schwerkranken auf einer Bahre zu den Beamten. Die hörten sich die Geschichte nicht nur an, sondern schalteten auch den Senat ein. Dort berichtete Latinius noch einmal in allen Einzelheiten von seinen nächtlichen Begegnungen mit Jupiter. Die Senatoren waren zunächst sehr verwundert, konnten sich dann aber der Autorität des Traumes nicht entziehen – auch wenn sich Jupiter überraschenderweise einen Plebejer als Botschafter auserkoren hatte. Denn kaum hatte Latinius – endlich – seine Pflicht erfüllt, da wurde er unversehens wieder gesund. Der Mann, der zuvor gelähmt hatte in den Senat getragen werden müssen, kehrte auf eigenen Füßen nach Hause zurück.

Jupiters Traum-Autorität hatte sich durchgesetzt: Die «Großen Spiele» wurden mit viermal so hohem Aufwand wiederholt – so wie es der höchste Gott über sein plebejisches Traum-Medium angeordnet hatte.

Quellen: Livius II 36; Cicero, de divinatione I 55; Macrobius, Saturnalia I 11, 3 ff.; Augustinus, De Civitate Dei IV 26.

«Gehe den Weg weiter, den du bei Tage beschlossen hast!» – Ein Traumgesicht als Kriegstreiber

Im Jahre 490 v. Chr. hatte der persische König Dareios bei seinem Angriff auf Griechenland eine bittere Niederlage erlitten. In der Schlacht von Marathon wurde das persische Heer geschlagen. Unter dem Eindruck dieser Schlappe gab Dareios den Feldzug vorerst auf. Er kehrte nach Asien zurück. Der Plan aber, Hellas zu unterwerfen, war damit nur zurückgestellt. Die Revanche wurde sorgfältig vorbereitet: In den kommenden Jahren rüstete Dareios kräftig auf. Der Tod kam ihm jedoch zuvor. Im Jahre 486 v. Chr. starb er.

Sein Nachfolger war Xerxes. Er hatte zunächst mit politischen Widerständen im eigenen Reich zu tun, vor allem der gewaltsamen Wiedereingliederung Ägyptens ins Persische Reich. Etwa zwei Jahre nach seinem Amtsantritt hat er den Rücken frei. Es stellte sich die Frage, ob die Rüstungen für den schon von seinem Vorgänger geplanten Griechenland-Feldzug wiederaufgenommen werden sollten.

Xerxes berief den Kronrat ein, in dem der König die führenden Aristokraten seines Reiches konsultierte, wie es mit den «widerspenstigen» Griechen weitergehen solle. Das Gremium war sich schnell einig. Man plädierte *für* die Strafexpedition. Nur Artabanos, der Onkel des Xerxes, widersprach. Er riet von dem Feldzug ab. Xerxes war ungehalten über diesen unerwarteten Ratschlag. Er kanzelte

Artabanos brüsk ab und entschied sich, die Rüstungen wiederaufzunehmen.

In der Nacht aber kamen ihm Bedenken. Er ging die Argumente des Artabanos noch einmal durch und revidierte seinen Entschluß. Er würde auf die Griechenland-Expedition verzichten. In jener Nacht schlief Xerxes unruhig. Und er hatte einen Traum, der ihn verunsicherte: Ein großer, wohlgestalteter Mann erschien ihm und forderte ihn auf, seinen ursprünglichen Plan weiterzuverfolgen: «Gehe den Weg weiter, den du bei Tage beschlossen hast!»

Xerxes nahm jedoch keine Rücksicht auf den Traum. Er sagte den Feldzug offiziell ab. In der folgenden Nacht aber erschien ihm die Traumgestalt erneut und forderte ihn dringend auf, doch gegen die Griechen zu Felde zu ziehen. Leiste er dieser Botschaft der Nacht nicht Folge, so werde er es bereuen, denn dann «wirst du, so schnell wie du in kurzer Zeit groß und mächtig geworden bist, in Kürze wieder niedrig sein».

Xerxes war schockiert. Nach dem Aufwachen konnte er keinen klaren Gedanken fassen. Und er war unschlüssiger denn je. So ließ er Artabanos herbeikommen, berichtete ihm von seinen sonderbaren Träumen und bat ihn, in der nächsten Nacht seine Herrscherkleidung anzulegen und auf seinem Lager zu ruhen. Wenn dann auch ihm als «Pseudo»-König die Traumgestalt erscheine, sei er sicher, daß die Aufforderung zum Griechenland-Feldzug als göttlicher Auftrag zu deuten sei.

Artabanos sperrte sich zunächst gegen dieses Ansinnen, mußte dann aber wohl oder übel die ihm zugedachte Rolle spielen. Und tatsächlich trat dieselbe Traumgestalt in der Nacht vor ihn hin und warnte ihn davor, weiterhin Widerstand gegen den Feldzug zu leisten. Der Traum entwickelte sich zu einem Alp: Der Unbekannte drohte Artabanos massiv und schien ihm mit heißen Eisen die Augen ausbrennen zu wollen. In Schweiß gebadet wachte Artabanos, von seinen eigenen Angstschreien aus dem Schlaf gerissen, auf. Der Traum hatte ihn so beeindruckt, daß er seine Opposition aufgab. Auch er riet Xerxes jetzt dringend zu dem Feldzug.

Ein weiteres Mal gab Xerxes daraufhin dem Kronrat seinen Sinneswandel bekannt. Er hatte endgültig entschieden: Die Rüstungen wurden wiederaufgenommen. Schon in der nächsten Nacht erhielt er die Belohnung dafür: «Ihm träumte, einen Kranz aus Olivenzweigen zu tragen, die die ganze Erde bedeckten. Danach verschwand der Kranz, der um seinen Kopf gewunden gewesen war. Die Traumdeuter interpretierten das als glückliches Vorzeichen. «Sie verhießen ihm die Herrschaft über die Welt; alle Menschen würden seine Sklaven sein.»

Nicht immer lagen Traumdeuter mit ihrer Analyse richtig. Das sollte sich ein paar Jahre später zeigen, als die persischen Rüstungen abgeschlossen waren und Xerxes an der Spitze eines gewaltigen persischen Aufgebots zu Lande und zu Wasser gegen Griechenland marschierte. Das Unerwartete geschah: Der griechische David trug den Sieg über den persischen Goliath davon. Der Traum des Großkönigs von der Weltherrschaft war nach den Niederlagen der Jahre 480 und 479 ausgeträumt. Was freilich nicht hieß, daß das Traumgesicht widerlegt war, das sich so massiv als Kriegstreiber eingesetzt hatte: Die Regierungszeit des Xerxes dauerte immerhin bis ins Jahr 465/4. Der Demütigung durch die Niederlagen von 480/79 v. Chr. war kein abrupter Sturz in die Machtlosigkeit gefolgt.

Quelle: Herodot, Historien VII 12ff.; 47.

«Komm in die fruchtbare Phthia» – Todesnachricht mittels Homer-Zitat

Der Prozeß lag hinter ihm und ebenso die Verurteilung. Wegen Asebie (Gottlosigkeit) und zersetzenden Einflusses auf die Jugend hatte die Jury auf die Todesstrafe erkannt. Der Prozeß des Sokrates fand zu Beginn des Monats Anthesterion im Jahre 399 v. Chr. statt – und dieser Zeitpunkt sorgte dafür, daß die Hinrichtung aufgeschoben werden mußte. Denn zu dieser Zeit entsandte Athen regelmäßig eine Delegation zum Apollo-Fest nach Delos. Bis zur Rückkehr dieser Festgesandten durfte kein Todesurteil vollstreckt werden. So verbrachte Sokrates etwa einen Monat gefesselt im Gefängnis. Seine Haltung war bewundernswert. Trotz der kurz bevorstehenden Hinrichtung war der Siebzigjährige stets ausgeglichen und heiter.

Eines Tages erschien sein Freund Kriton im Gefängnis. Der Morgen dämmerte gerade herauf, als Kriton die Zelle des Sokrates betrat. Ein kleines Bestechungsgeld für den Wärter hatte ihm den Weg dorthin zu dieser ungewöhnlich frühen Morgenstunde geebnet. Kriton fand Sokrates ruhig schlafend vor. Er weckte ihn nicht auf. Warum sollte er den Todgeweihten aus seinem sanften Schlaf reißen? Wenn er aufwachte, war es noch früh genug, ihm die traurige Botschaft zu überbringen.

Schließlich erwachte Sokrates. Er wunderte sich, Kriton so früh am Morgen zu sehen. Er habe eine schlimme Nachricht für ihn, begann Kriton zögerlich und berichtete dann, daß das Schiff aus Delos bald in den Piräus einlaufen werde. Es habe zuvor schon einige Passagiere bei Sunion abgesetzt. Durch sie wisse man, daß es bis zum Eintreffen im Hafen Athens nicht mehr lange dauern könne.

Sokrates blieb ganz gefaßt. Er war nicht einmal erstaunt, als Kriton ihm eröffnete, er werde voraussichtlich am nächsten Tage sein Leben beschließen müssen. Nur in einem Punkte widersprach er: Er werde einen Tag länger zu leben haben, als es nach Kritons Berechnung aussehe. Denn soeben habe er einen Traum gehabt, der ihm den Zeitpunkt seines Todes angekündigt habe. Ihm träumte, eine schöne, wohlgestaltete Frau in weißer Kleidung sei vor ihn hingetreten und habe zu ihm gesagt: «Am dritten Tage mögest du, Sokrates, in die fruchtbare Phthia gelangen.» Das war ein leicht verändertes Zitat aus der Ilias (IX 963), wo Achill in der ersten Person ankündigt, er werde in seine Heimat Phthia zurückkehren. Auf seine Situation bezogen, deutete Sokrates den Traum so, daß seine Seele am dritten Tage in ihre Heimat zurückkehren werde.

«Ein sonderbarer Traum», meinte Kriton. «Aber ein sehr deutlicher, wie mir scheint», erwiderte Sokrates.

Die Fluchtpläne, zu denen Kriton ihn im weiteren Verlauf des Gesprächs überreden wollte, wies Sokrates entschieden zurück. Am dritten Tage setzte der Schierlingsbecher seinem Leben ein Ende. Die Seele des Sokrates kehrte in ihre Phthia zurück.

Quellen: Platon, Kriton 43 f.; Cicero, De divinatione I 52.

Blitz und Donner, Löwe und Schlange – Träume einer Hochzeitsnacht

Er war ein Mann, der die antike Welt veränderte wie kein anderer. Ein Mann, der binnen weniger Jahre große Teile der damals bekannten Welt eroberte und an ihre Grenzen im Osten zu stoßen schien. Ein Mann, der mit diesen Eroberungen dafür sorgte, daß sich griechische Sprache und griechische Kultur in einem riesigen Raum verbreiten konnten, der ihnen zuvor versperrt gewesen war. Die Rede ist – natürlich – von Alexander dem Großen.

Wer so Bedeutendes leistete, der konnte kein gewöhnlicher Sterblicher sein. Was er, glaubt man der makedonischen Herrschaftspropaganda, eben auch nicht war. Und genau dies wurde seinen Eltern schon in der Hochzeitsnacht bedeutet – wobei «Eltern» ein problematischer Begriff ist, wie wir bald sehen werden.

Zunächst zu seiner Mutter. Auf sie bezieht sich die gerade angedeutete Relativierung nicht: Sie *war* seine Mutter. Olympias, eine Prinzessin aus der epirotischen Dynastie der Aiakiden, war eine Frau von Leidenschaft, Stolz und Selbstbewußtsein. Als Tänzerin nahm sie am Dionysos-Kult teil, der orgiastische Züge hatte. Das Unberechenbare, Abenteuerliche an Alexanders Charakter geht stark auf seine Mutter zurück; sie liebte die Verzückung und Ekstase, das Ungewöhnliche und Exzentrische. Es war kein Zufall, daß sie Philipp II. von Makedonien, ihren späteren Mann, beim Mysterienkult von Samothrake kennenlernte. Philipp fühlte sich zu dieser religiös exaltierten, eigenwilligen Frau hingezogen und heiratete sie.

In der Hochzeitsnacht, nach der ersten Vereinigung mit ihrem Mann, hatte Olympias einen merkwürdigen Traum. Ihr träumte, es donnere und ein Blitz schlage in ihren Leib. Der Schlag entzündete sich zu einem gewaltigen, hoch auflodernden Feuer, das sich nach allen Seiten verbreitete – eine Vorausahnung des unwiderstehlichen Ungestüms, mit dem sich der in jener Nacht gezeugte Sohn die Welt untertan machen sollte.

So wie sich durch diesen Traum schon die Weltherrschaft angekündigt haben soll, wurde diese Vision durch die

Legende vom göttlichen Ursprung Alexanders ergänzt und ausgebaut. Es ist einigermaßen zuverlässig bezeugt, daß Olympias häufig eine Kultschlange bei sich hatte, die sie möglicherweise als göttliches Wesen verehrte – angesichts ihrer religiösen Exzentrik nichts Unwahrscheinliches. Und daß ihr in bestimmten Augenblicken diese Schlange als Inkarnation des Ammon-Zeus, des gewissermaßen als Einheit gedachten obersten ägyptischen und höchsten griechischen Gottes, erschienen sein mag, ist durchaus vorstellbar.

Vorstellbar ist auch, daß sie, zumindest nach außen, diesen Eindruck vermittelte (und irgendwann wird man ja auch zum Opfer seiner eigenen Propaganda). Wie dem auch sei: Jedenfalls scheint die Legende auf Olympias zurückzuführen zu sein, daß diese göttliche Schlange ihr in der Hochzeitsnacht beigewohnt habe – und daß daher Alexander in Wirklichkeit der Sproß des höchsten Gottes sei. Dies soll sie ihrem Sohn enthüllt haben, als er sich auf den Weg machte, die Welt zu unterwerfen. Und als ihm das Ammon-Zeus-Orakel in der Oase Siwa dann seinen göttlichen Ursprung bestätigte, mag das den jungen König in seinem Selbstverständnis nur noch bestärkt haben. Jemand, der von einer so unerhörten Woge des Erfolges getragen wurde, konnte – zumal angesichts des Einflusses, den seine Mutter auf ihn ausübte – schon anfangen, an seinem Mensch-Sein zu zweifeln …

Und Philipp, sein Vater? Auch ihm soll einige Zeit nach der Hochzeit die strahlende Zukunft seines Sohnes im Traum geoffenbart worden sein. Er träumte, er drücke ein Siegel auf den Leib seiner Frau. In das Siegel sei das Bild eines Löwen graviert. Die Traumdeuter waren zunächst uneins, wie der Traum auszulegen sei. Einige meinten, Philipp müsse besser auf seine Frau aufpassen. Aristandros von Telmessos aber, der später zum Hof-Traum- und Vorzeichendeuter Alexanders aufstieg, interpretierte das Traumbild so: Olympias sei schwanger; denn man versiegle nichts, das leer sei. Und zwar sei sie schwanger mit einem Sohn, der die Kühnheit und Kraft eines Löwen haben werde. Ob Löwe oder Feuer – beides waren eindeutige nächtliche Botschaften, die auf die unvergleichliche Stellung Alexanders vorauswiesen.

Fragt sich nur, ob diese Traumbilder der Hochzeitsnacht nicht Rückprojektionen aus einer Zeit waren, als Alexander im Zenit seiner Macht stand. Aber auch dann wären sie nicht belanglos – der Traum erschiene dann als wirkungsvolles Mittel politischer Propaganda und Legitimierung. Denn wer wollte bestreiten, daß einem Löwen die mächtigste Stellung gebührte? Und die hieß im Klartext: Weltherrschaft.

Quellen: Plutarch, Alexander 2 f.; 27,5; Curtius Rufus, Historiae Alexandri Magni IV 7,25.

«Dein wird Tyros sein!» – Das Versprechen des Satyrn

Satyrn waren in der griechischen Mythologie Mischwesen von Menschengestalt mit Roßschweifen und Pferde- oder Bocksbeinen, urige «Naturburschen», deren derbe Ausgelassenheit und nie ermüdende Geilheit fast sprichwörtlich waren. Sie tummelten sich im bunten Zuge des Weingottes Dionysos, als dessen Begleiter und «Hofnarren» sie überall in der Natur auftauchten.

Ein solcher Satyr, griechisch *satyros,* erschien einst Alexander dem Großen während seines Eroberungsfeldzuges im Traum. Der Satyr schäkerte eine Zeitlang mit dem König, blieb dabei aber auf Distanz zu seinem Gegenüber. Als

Alexander nach ihm greifen wollte, entzog er sich blitzschnell dieser «Werbung» und lief davon. Alexander aber gab nicht auf. Er verfolgte ihn, aber erst nach langem Zureden und energischem Einsatz gelang es ihm, den Satyr zu fangen.

Am nächsten Morgen konsultierte der König seine Traumdeuter. Der widerspenstige Satyr, vermutete er, sei ihm als übernatürliche Botschaft gesandt worden. Die professionellen Interpreten taten sich zunächst schwer, das Rätsel des Traums zu lösen. Aber dann fanden sie eine Erklärung: Man müsse nur das Wort, das die Traumgestalt bezeichne, richtig zerlegen. Und zwar in *sa Tyros* – «dein Tyros» –, was nichts Geringeres verheiße als das Erreichen des gerade angestrebten Kriegsziels.

«Dein (wird) Tyros (sein)»: Das verhieß Alexander den Erfolg in einer der schwierigsten kriegerischen Unternehmungen seines Feldzuges. Auf seinem Marsch nach Ägypten mußte er auch Phönizien durchqueren. Die meisten phönizischen Städte ergaben sich kampflos und unterwarfen sich dem Makedonenkönig als neuem Herrscher. Nicht so die bedeutendste phönizische Stadt, Tyros. Sie erklärte sich in dem Konflikt zwischen Alexander und dem persischen Großkönig für neutral und weigerte sich, Alexander auch nur einen Schritt in ihre – gut befestigten – Mauern setzen zu lassen. Weil der aber eine so mächtige Inselfestung wie Tyros auf seinem Weiterzug nicht unkontrolliert im Rücken haben wollte, entschloß er sich, die Stadt zu belagern. Sieben Monate – vom Januar bis zum August 332 v. Chr. – dauerte das Ringen zwischen Belagerern und Belagerten; erst dann fiel die Stadt den Makedonen in die Hände. Das Traum-Versprechen des Satyrn gegenüber Alexander war in Erfüllung gegangen: Tyros war sein.

Alexander dürfte fest an diesen Erfolg geglaubt haben. Denn ein zweiter Traum hatte ihn darin bestärkt, an dem mühevollen Belagerungsunternehmen festzuhalten. Eines Nachts träumte ihm, er leite selbst den entscheidenden Angriff auf die Mauern von Tyros. Plötzlich erblickte er Herakles. Der große Heros selbst hieß ihn in der Festung willkommen und führte ihn überall umher. Für Aristandros, den Chef-Traumdeuter des Königs, ein klarer Hinweis auf den positiven Ausgang der Belagerung: Denn auch Herakles habe seine Taten nach schweren Mühen letzten Endes stets erfolgreich vollbracht.

Eine Stadt, zwei Träume, die einen glücklichen Ausgang, wenn auch erst nach großer Anstrengung, verhießen – ein deutlicher Reflex auf die Mühe, die die Eroberer darauf verwenden mußten, um Tyros zur *Sa-Tyros* Alexanders zu machen. Die Geschichtlichkeit des Traumes war – jedenfalls den späteren Tourismusförderern der phönizischen Metropole – absolut verbürgt: Jahrhundertelang zeigten die Fremdenführer historisch interessierten Touristen die Quelle, an der Alexander den Satyr im Traum gesehen haben sollte.

Quellen: Arrian, Anabasis II 18; Plutarch, Alexander 24.

Opfertod eines Konsuls

Die Götter standen, dessen waren sich die Römer sicher, auf ihrer Seite. Anders schien der Aufstieg eines kleinen Dorfes zur weltbeherrschenden Macht nicht erklärlich. Freilich: Nach römischer Auffassung war man dem, der einem etwas gab, auch eine Gegengabe schuldig. *do, ut des* – das war die Erfolgsformel auch im Umgang mit den Göttern.

Eine der radikalsten Ausformungen dieses «geschäftsmäßigen» Verhältnisses war die *devotio,* die Selbstopferung.

Dabei verlangte man von den Göttern gewissermaßen als Gegenleistung, daß der sein *devotio*-Gelübde Erfüllende andere – Feinde natürlich – mit in den Tod nehme. Der Preis für den Opfertod des Individuums war der Sieg des Kollektivs, für das er sich hingab, und – folgerichtig – die Niederlage des gegnerischen Kollektivs. Nur sehr selten in der römischen Geschichte hat ein Feldherr zu diesem äußersten Mittel gegriffen. Die *devotio* blieb stets die *ultima ratio,* zu der man in einer Verzweiflungssituation griff; sonst wäre der feierliche Akt in seiner tiefen religiösen Bedeutung entwertet worden.

Einer der wenigen Auserwählten, die durch ihre *devotio* zum unsterblichen Helden der römischen Geschichte wurden, war der Konsul Publius Decius Mus. Ein Traum war es, der ihm die Notwendigkeit dieses äußersten Schrittes offenbarte – wobei freilich zunächst noch nicht feststand, *wem* das Schicksal diesen schweren Gang aufbürden würde.

Beide Konsuln nämlich, die das römische Heer im Jahre 340 v. Chr. gegen die Latiner anführten, hatten in ein und derselben Nacht den gleichen Traum. Beiden erschien ein Mann von übermenschlich großer und erhabener Gestalt, der ihnen eine identische Botschaft übermittelte: Bei der einen Kriegspartei sei der Feldherr, bei der anderen das Heer dem Totenreiche und der Mutter Erde verfallen. Bei welchem Heer der Feldherr die Legionen der Feinde und dazu sich selbst dem Tod weihe, bei dessen Volke werde der Sieg sein.

Am nächsten Morgen berichteten die Konsuln einander ihre Träume. Um sicherzugehen, daß es sich um die Verheißung einer überirdischen Instanz handelte, beschlossen sie, sozusagen die mantische Gegenprobe zu machen. Sollten auch die Eingeweide von Opfertieren dasselbe prophezeien, dann solle einer der beiden Konsuln den Schicksalsspruch erfüllen. Die Eingeweidebeschauer waren sich bald einig: Sie bestätigten die Verläßlichkeit des *devotio*-Traumes.

Damit stand fest, daß einer der Konsuln sein Leben hinzugeben hatte, um den Römern den Sieg zu retten. Aber wer von beiden? Im Kriegsrat kam man überein, daß der Befehlshaber des Flügels, auf dem das römische Heer zurückzuweichen beginne, die *devotio* zu vollziehen habe.

Schon vor der Schlacht verhieß ein Opfer dem Kollegen des Decius, Titus Manlius, ein günstiges Ergebnis. Damit schien klar, wer das im Traum erschaute Selbstopfer zu erbringen haben werde. Aber der linke Flügel des römischen Heeres, den Decius kommandierte, kämpfte ebenso verbissen und erfolgreich wie der rechte. Beide hielten dem Ansturm der Latiner lange stand.

Dann aber knickte die linke Frontseite ein. Nur schnelles Handeln konnte die Situation für die Römer retten. Und Decius handelte! Er legte eine purpurverbrämte Toga an, verhüllte sein Haupt, stellte sich auf seinen Speer und rief die Götter mit der alten rituellen *devotio*-Formel an. Nach dem Gebet griff er zu seinen Waffen, schwang sich aufs Pferd und stürzte sich mitten unter die Feinde. Seine ungestüme Attacke verursachte Panik in den Reihen der Latiner. Entsetzt wichen sie zurück. Nach heldenhaftem Kampf brach Decius tödlich getroffen zusammen – was aber in den Reihen der Gegner nur noch größere Panik auslöste. Jäh ergriffen sie die Flucht.

Die Götter hatten Wort gehalten: Die Römer errangen den Sieg – aber nur, weil sie die Prophezeiung der Träume ernstgenommen und die darin von ihnen verlangte Vorleistung erbracht hatten.

Quellen: Livius VIII 6 ff.; Cicero, De divinatione I 51.

Auge gerettet, Feldzug verloren – Die Träume des Feldherrn Hannibal

Der Zweite Punische Krieg war jahrelang von einer strategischen Situation geprägt, die die meisten Römer nur noch unruhig schlafen ließ: Der karthagische Feldherr Hannibal hatte ihnen den Krieg ins Land getragen. Anstatt auf spanischen oder afrikanischen Kriegsschauplätzen den Ruhm Roms zu mehren, sahen sich die Römer unversehens vor die Aufgabe gestellt, ihr ureigenes Land – Italien – gegen den punischen «Erzfeind» zu verteidigen. Aus dieser «italischen Zeit» Hannibals stammen die beiden Träume, die der römische Historiker L. Coelius Antipater überliefert hat. Aus seinem (für uns verlorenen) Geschichtswerk hat Cicero sie exzerpiert.

Auf seinem Zuge durch Süditalien kam Hannibal auch am Heiligtum der Iuno Lucinia in der Nähe von Kroton vorbei. Es war üblich, die Tempel im Lande des Feindes zu plündern. Und so schickte sich Hannbial an, auch die überaus reichen Votivgaben aus dem Iuno-Heiligtum herausschleppen zu lassen. Unter anderem gab es dort eine goldene Säule. Jedenfalls außen war sie golden, und um zu prüfen, ob sie aus massivem Golde oder nur vergoldet sei, ließ Hannibal ein Loch in die Säule bohren. Das erfreuliche Ergebnis der Expertise: die Säule war durch und durch aus Gold. Ein schönes Beutestück, das Hannibal daraufhin aus dem Heiligtum zu holen befahl.

In der nächsten Nacht aber erschien Juno dem karthagischen Feldherrn im Schlaf. Falls er die Säule aus ihrem Tempel rauben lasse, so ihre unmißverständliche Warnung, werde sie dafür sorgen, daß er auch das Auge, mit dem er noch gut sehe, verliere.

Der Traum war für Hannibal Grund genug, von dem Tempelfrevel Abstand zu nehmen. Ja, er ließ sogar aus dem Gold, das man bei der Probebohrung herausgenommen hatte, eine kleine Kuh bilden und sie oben auf der Säule anbringen. Der Karthager hatte die Warnung verstanden, hatte eingelenkt – und sein Augenlicht gerettet.

Anders reagierte er auf einen zweiten Traum. Der führte ihn nach der Eroberung Sagunts in die Versammlung der Götter. Die Besetzung der spanischen Stadt, die innerhalb der von Rom beanspruchten Interessensphäre lag, beschwor den Ausbruch des Zweiten Punischen Krieges herauf. Hannibal konnte kaum damit rechnen, daß die Römer stillhalten würden. Insofern hatte der Traum, der ihm eine Vision des bevorstehenden Waffengangs vermittelte, einen sehr realen Hintergrund.

Als überraschend dürfte es der träumende Hannibal empfunden haben, daß Jupiter höchstpersönlich ihn in der Runde der Götter begrüßte. Aber nicht nur das. Er soll ihm auch zu jener Strategie geraten haben, die die Römer dann vor ungeahnte Schwierigkeiten stellen sollte, von denen der Schritt zu einer regelrechten Existenzkrise nicht weit war. Gemeint ist der Überfall auf Italien, d. h. der kühne Plan, die Heimat der Römer zum eigentlichen Schauplatz des Krieges zu machen. Schließlich erhielt Hannibal sogar noch einen Begleiter aus der Schar der Götter. Unter dessen Führung gelangte man bis nach Italien.

Dort forderte ihn sein göttlicher Mentor auf, nicht hinter sich zu schauen. Hannibal aber konnte seine Neugier nicht bezwingen. Er blickte zurück – und sah dort ein entsetzliches, von Schlangen umwundenes Untier, das, wo immer es hintrat, Bäume, Felder und Gebäude verwüstete. Der Schrecken über den Anblick der furchtbaren Bestie und seines nicht minder furchtbaren Zerstörungswerkes fuhr Hannibal in die Glieder. Erschüttert fragte er den Gott, was dieses Ungeheuer zu bedeuten habe. Der antwortete: «Die Verwüstung Italiens» und riet ihm, sich nicht weiter umzuschauen.

Damit brach der Traum ab, und erstaunlicherweise begnügt sich auch Cicero mit diesem offenen Ende. Er konnte freilich voraussetzen, daß seine Leser wußten, wie der Zweite Punische Krieg ausgegangen war. Die ersten Jahre seines Verlaufs hatte der Traum in der Tat mit drastischer Anschaulichkeit richtig prognostiziert: Große Teile Mittel- und Süditaliens wurden so gründich verwüstet, daß sie z. T. Jahrhunderte brauchten, um sich von den damals geschlagenen Wunden zu erholen. Aber das Zerstörungswerk hatte seinem Urheber letztlich nichts genutzt: Karthago und Hannibal verloren den Krieg, und der einst umjubelte punische Feldherr mußte ins Ausland fliehen, um sich vor seinen römischen Häschern in Sicherheit zu bringen.

Im Traum hatte sich dieses bittere Ende schon angekündigt. Denn so wie sich Orpheus in der Mythologie durch das strikt verbotene Umschauen um den Preis seiner Mühen bringt und die «wiedereroberte» Eurydike endgültig verliert, so hatte sich auch der große karthagische Feldherr durch seine Disziplinlosigkeit um die Früchte seiner Anfangserfolge gebracht. Erfolg und Mißerfolg – beides war ihm schon in jenem Traum nach der Eroberung Sagunts in Aussicht gestellt worden.

Quelle: Cicero, De divinatione I 48 f.

Vielversprechender Inzest

Im Jahre 69 v. Chr. bekleidete Caesar das Amt eines Quaestors. Er war damals 31 Jahre alt und, obwohl ihm mit dieser Position der Sprung in die Ämterlaufbahn geglückt war, mit dem Erreichten keineswegs zufrieden. Beim Anblick eines Standbildes von Alexander dem Großen soll er laut aufgeseufzt haben: Der habe in seinem Alter schon die ganze Welt erobert, während er, Caesar, noch nichts Bemerkenswertes geleistet habe. Die Anekdote spiegelt den Ehrgeiz des jungen Aristokraten wider, der darauf brannte, in die große Politik eingreifen zu können, und der sich in Rom durchaus schon ins Gespräch gebracht hatte: Bei der Totenrede auf seine Tante Iulia hatte die von ihm stolz verkündete Familiengenealogie aufhorchen lassen: «Die Vorfahren meiner Tante Iulia sind mütterlicherseits von königlicher, väterlicherseits aber von göttlicher Abstammung», erläuterte er selbstbewußt, und als göttliche Ahnherrin verwies er dabei auf Venus. Bei diesem Stammbaum und Selbstverständnis war es an der Zeit, ins Rampenlicht der Geschichte zu treten, fand Caesar – und machte Ernst.

Den Ausschlag zu seinem Entschluß, die Karriereplanung nunmehr energisch und zielbewußter voranzutreiben, soll ein Traum gegeben haben. Caesar träumte, mit seiner eigenen Mutter sexuell zu verkehren bzw. sie sogar zu vergewaltigen – so die drastischere Variante des Inzest-Traumes. Als er aufwachte, war er bestürzt und beunruhigt. Was sollte ihm dieser ungewöhnliche Traum ankündigen?

Die sofort konsultierten Traumdeuter gaben Entwarnung. Mehr noch: Sie interpretierten die inzestuöse Vision als ausgesprochen glückverheißenden Traum für einen aufstrebenden Politiker wie Caesar. Die Mutter, die er im

Traum überwältigt hatte, setzten sie mit der Erde gleich. In der Tat war es üblich, von der «Mutter Erde» zu sprechen, so daß die Analogie einleuchtete. Die Vereinigung aber mit dieser Mutter bedeute die Herrschaft über sie. Caesar werde, so machten die Traumdeuter ihm Mut, dereinst über die gesamte Erde gebieten.

Und Caesar wäre nicht Caesar gewesen, hätte er – vorausgesetzt, es handelt sich nicht um eine nachträglich zur Herrschaftslegitimierung in die Öffentlichkeit lancierte Falsch-«Meldung» – die Chance, die ihm die Traum-Interpreten da in Aussicht stellten, nicht mit größter Zielstrebigkeit genutzt. Es sollte ihm weitgehend gelingen, das im Traum erschaute Ziel zu erreichen. Aber nur für eine kurze Zeit – bis andere Träume die Katastrophe ankündigten.

Quellen: Sueton, Augustus 7; Cassius Dio 37, 52; Plutarch, Caesar 32 (dort vor der Überschreitung des Rubico angesiedelt).

«Hüte dich vor den Iden des März!»

Auf die Iden des März, den 15., war die Senatssitzung anberaumt worden, in der die Verschwörer zuschlagen wollten. Der allmächtige Diktator Caesar sollte unter den Dolchstichen einer kleinen, entschlossenen Gruppe oppositioneller «Aktivisten» zusammenbrechen, die die Einschränkung der republikanischen Freiheit durch einen Alleinherrscher auf Lebenszeit nicht mehr hinnehmen wollten.

Später wußte man von allerlei Vorzeichen zu berichten, die der Gewalttat vorausgegangen sein sollen. Seltsame Erscheinungen hätten den Tod des Diktators angekündigt: Feuer am Himmel, Donner, der weithin durch die Nächte grollte, eine in einem uralten Grab gefundene eherne Tafel, die die baldige Ermordung eines Nachkommen des Iulus mit der anschließenden Heimsuchung Italiens ankündigte, und ein Opfertier ohne Herz, auf das Caesar bei einem Opfer gestoßen sei.

Alle diese Warnungen habe Caesar, so berichtete die Überlieferung einmütig, auf die leichte Schulter genommen. Erst das, was in der Nacht auf die Iden des März geschehen sei, habe ihn nachdenklich gestimmt. Zwei Träume haben ihm nach Aussage seines Biographen Sueton seinen Tod angekündigt, ein eigener und einer seiner Frau Calpurnia. In seinem eigenen Traum sah er sich selbst mehrmals über Wolken schweben und andererseits Jupiter die rechte Hand reichen.

Erst in Verbindung mit Calpurnias Traum fand sich der Schlüssel zum Verständnis dieser Vision, die ihn entrückt unter den Göttern zeigte. Calpurnia wurde von einem furchtbaren Alptraum geschüttelt, der seinen vorläufigen Höhepunkt im Einsturz des Giebels ihres Hauses fand. Dort war auf Senatsbeschluß ein Firstschmuck angebracht worden, der die Bedeutung und Würde des Mannes dokumentierte, der unter diesem Dach wohnte. Auf das Herabstürzen des damit verzierten Giebels folgte eine grauenvolle Szene: Calpurnia hielt ihren erdolchten Mann in den Armen.

Unter dem Eindruck des schrecklichen Traums flehte Calpurnia Caesar an, an diesem Tage nicht in den Senat zu gehen. Wenigstens solle er sich, wenn er ihrem Traum schon keine Bedeutung beimesse, durch ein Opfer Rat über seine Zukunft einholen. Caesar stutzte. Noch nie hatte er seine Frau in ähnlich erregtem Zustand gesehen; sie schien außer sich vor Erschütterung und Furcht. Also konsultierte er, so jedenfalls in der Darstellung Plutarchs, einige Opferbeschauer, und als sie Zeichen von unglücklicher Vorbedeutung sahen, entschloß er sich, die Senatssitzung absagen zu lassen.

Für Brutus, einen der Mitverschwörer, ein bestürzendes Alarmsignal: Sollte das lange vorbereitete Attentat an einem Alptraum Calpurnias scheitern? Als enger Vertrauter des Diktators hatte er jederzeit Zugang zu ihm. Diese Chance nutzte er. Sein Spott über die abergläubischen Vorstellungen, die zum Stillstand der Politik führten, und der Hinweis auf die Bedeutung der im Senat zu verhandelnden Gegenstände stimmten Caesar um. Er schob seine Bedenken zur Seite und machte sich auf den Weg.

Der Senat wartete schon. Unterwegs überreichte ihm jemand noch eine Schriftrolle, in der die Verschwörung detailliert aufgedeckt wurde, doch Caesar kam nicht mehr dazu, sie zu lesen. Der letzte Mensch, der ihn lebend außerhalb des Senats sah, war der Seher Spurinna. Der hatte ihn nachdrücklich vor den Iden des März gewarnt.

Als Caesar ihn zufällig erblickte, ging er auf ihn zu und sagte spöttisch: «Die Iden des März sind da!» Worauf Spurinna erwiderte: «Da sind sie, aber noch nicht vorüber!»

Quellen: Plutarch, Caesar 63 ff.; Sueton, Caesar 81.

Schlangentraum im Apollo-Tempel

Zusammen mit anderen Frauen nahm Atia einst an mitternächtlichen Zeremonien zu Ehren Apollos teil. Während ihre Begleiterinnen danach wieder nach Hause gingen, wurde Atia im Tempel von Müdigkeit übermannt. Sie schlief in ihrer Sänfte ein und träumte, eine Schlange sei zu ihr gekrochen und habe sie bald wieder verlassen. Ein leicht zu erklärender Traum, denn die Schlange galt als das heilige Tier des Apollo.

Als sie aufwachte, hatte Atia das Bedürfnis, sich zu waschen. Sie fühlte sich wie nach dem Beischlaf mit ihrem Mann. Während des Waschens aber stieß sie auf etwas Absonderliches: Auf ihrem Körper entdeckte sie einen Fleck in Gestalt einer Schlange, der durch nichts zu entfernen war. Atia mied fortan öffentliche Badeanstalten, weil sie sich scheute, sich mit diesem Fleck den Blicken Neugieriger auszusetzen.

Bald danach bemerkte Atia, daß sie schwanger war. In der Nacht vor ihrer Niederkunft hatte sie einen weiteren Traum, der Bedeutendes verhieß. Ihr träumte, ihre Eingeweide würden zu den Sternen empor gehoben und breiteten sich dort weit über der Erde und dem Himmel aus.

Am nächsten Tage gebar sie Octavian, besser unter seinem späteren Ehrennamen Augustus, «der Erhabene», bekannt – den Mann, der in die historischen Fußstapfen seines Adoptivvaters Caesars treten und das Kaisertum in Rom begründen sollte. Den Mann auch, der die Wirren der Bürgerkriegszeit beenden und sich als strahlender Friedefürst, als Garanten für die weltumspannende Macht Roms und Vollender der römischen Geschichte im Sinne eines göttlichen Heilsplans feiern lassen würde. Den Mann schließlich, der seine Erfolge auf das machtvolle Wirken seines Schutzgottes zurückführte. Und das war kein anderer als Apollo, der Gott, der unter anderem für die Weissagekunst zuständig war.

In diesem Lichte war allen Traumgläubigen klar, was der Traum Atias im Apollo-Tempel und das merkwürdige Zeichen auf ihrem Körper zu bedeuten hatten: Es war der Gott selbst gewesen, der ihr in jener Nacht in Gestalt der Schlange beigewohnt hatte. Der wahre Vater des Augustus war Apollo. Kein Wunder, daß er ein Leben lang schützend die Hand über seinen Sproß hielt und ihn – und mit ihm das Römische Reich – zu Größe und Glanz führte, die den Höhepunkt der historischen Mission Roms markierten. So jedenfalls ließ Augustus mit großem propagandistischem Aufwand das neue Zeitalter inszenieren, das mit seiner Herrschaft begonnen hatte. Apollo, der Wahrheit kündende Gott, hatte diese neue, strahlende Epoche Roms durch den Schlangentraum Atias schon lange zuvor angekündigt.

Quelle: Sueton, Augustus 99.

Der Traum eines Arztes – Rettung für seinen Patienten

Es war die Nacht vor der Entscheidungsschlacht. Bei Philippi standen sich im Jahre 42 v. Chr. die Truppen der Caesar-Mörder Brutus und Cassius und das Heer des jungen Octavian gegenüber, der gemeinsam mit Caesars Vertrautem Marc Anton ins Feld gezogen war, um seinen Adoptivvater zu rächen.

Mit der Gesundheit Octavians, des späteren Augustus, stand es nicht zum besten. Er war ernsthaft erkrankt und mußte das Bett hüten. Kein Gedanke daran, daß er an der bevorstehenden Schlacht aktiv teilnehmen konnte! Aber in eben jener Nacht erschien seinem Arzt Artorius die Göttin Minerva im Traum. Sie forderte Artorius auf, seinen Patienten trotz dessen miserablen Gesundheitszustandes in den Kampf zu schicken.

Octavian glaubte schon damals fest an die Wahrheit der Träume. Und wie auch später als Kaiser, richtete er sich nach ihnen. Als ihm Artorius von seinem Traum erzählte, nahm er deshalb die Warnung ernst und ließ sich in einer Sänfte an den Rand des Schlachtfeldes bringen. So konnte er ganz aus der Nähe auf das blutige Geschehen einwirken, an dessen Ende seine Truppen den Sieg davontrugen.

Das Lager freilich, in dem er ohne den Traum krank zurückgeblieben wäre, wurde im Verlaufe des Gefechts von den Gegnern überrannt; sein Zelt, in dem ihn die Angreifer wähnten, wurde vollkommen zerstört.

«Müssen wir also nicht annehmen, daß dies göttlichem Willen gemäß geschah?», kommentiert der Schriftsteller Valerius Maximus in seiner Sammlung denkwürdiger historischer Ereignisse, «damit er, der schon für die Unsterblichkeit bestimmt war, nicht einem Schicksalsschlag zum Opfer fiel, der seines göttlichen Wesens unwürdig gewesen wäre?!»

Quellen: Valerius Maximus, Facta et dicta memorabilia I 7; Sueton, Augustus 91; Cassius Dio 47, 41.

Vom Geist der Ermordeten gehetzt – Alpträume eines Kaisers

Es war nicht sein einziger Mord, aber es war wohl derjenige, der am schwersten auf seinem Gewissen lastete. Im März des Jahres 59 ließ Kaiser Nero seine Mutter Agrippina umbringen. Über das Motiv zirkulierten unterschiedliche Spekulationen. Die einen wollten wissen, daß die machthungrige Frau, die selbst ihren Sohn durch einen Mord auf den Kaiserthron gehoben hatte, ein Opfer ihres Ehrgeizes geworden sei: Sie habe, so munkelte man, Pläne zum Sturz Neros geschmiedet. Jedenfalls habe sich Nero durch die tatsächlichen oder vermeintlichen Ränke seiner Mutter bedroht gefühlt. Die anderen meinten, der Kaiser habe aus nachhaltiger Verärgerung über die spitze Zunge seiner Mutter den Mordplan geschmiedet. Die Kritik und unerbittliche Schärfe, mit der sie alle Formen seines Fehlverhaltens begleitete, hätten in ihm im Laufe der Zeit abgrundtiefen Haß auf seine Mutter aufkommen lassen.

Wie dem auch sei – jedenfalls reifte in Nero, nachdem er es zunächst mit politischer Kaltstellung und gesellschaftlicher Isolierung versucht hatte, der Plan, seine Mutter aus dem Wege zu schaffen. Das erwies sich als schwerer, als Nero angenommen hatte. Drei Giftattentate schlugen fehl. Danach ließ sich der Kaiser einen scheinbaren Schiffbruch als Mordkomplott einfallen. Er lud Agrippina in einem liebenswürdigen Brief ein, in den Badeort Baiae zu kommen, und arrangierte dort eine spektakuläre Versöhnungsfeier. Am Ende eines rauschenden Festabends begleitete er sie persönlich bis zum Strand, küßte sie innig und winkte ihr nach, als sie das Schiff bestieg, das sie zu ihrer Villa zurückbringen sollte. Die Havarie des Schiffes war sorgfältig vorbereitet, aber wie durch ein Wunder konnte sich Agrippina schwimmend ans Ufer retten.

Die Nachricht von dem erneut mißlungenen Anschlag schockierte Nero. Aber er ging jetzt aufs Ganze. Sein Freigelassener Anicetus und zwei Marineoffiziere erhielten den Befehl, Agrippina umzubringen. Der «direkte» Weg führte endlich zum Ziel: Agrippina wurde von den Häschern erdolcht.

Sobald er die erlösende Nachricht erhielt, eilte Nero ins Haus der Ermordeten. Er heuchelte Bestürzung, ließ aber keinen Zweifel daran, daß die Tote selbst die Verantwortung für die Tat trage. Sie habe, so lautete die offizielle Version, die Nero auch dem Senat brieflich mitteilte, ein Attentat auf ihn geplant und sich, nachdem dieser Mordplan aufgedeckt worden sei, selbst gerichtet: Freitod als Alternative zu der zu erwartenden Strafe.

Man nahm die von Nero verbreitete Lüge hin. Mehr

noch: Senat, Armee und Volk spielten das heuchlerische Spiel mit und beglückwünschten den Kaiser dazu, daß er dem angeblichen Anschlag entgangen war. Man feierte sogar Dankfeste in allen Tempeln der Hauptstadt. Obwohl sich die Wahrheit über den Tod der Agrippina rasch verbreitete, brauchte Nero von daher nichts zu befürchten. Die Akte Agrippina hätte geschlossen werden können.

Innerlich indes war Nero mit dem Muttermord noch längst nicht fertig. Vertraute berichteten später, daß ihm die Ungeheuerlichkeit seines Tuns in dem Augenblick bewußt geworden sei, als er die Nachricht von der Vollstreckung seines Mordbefehls erhielt. Von da an ließ ihn das schlechte Gewissen nicht mehr ruhen. Selbst am Tage erschrak er, wenn Trompetensignale aus der Gegend ertönten, wo die Gebeine Agrippinas bestattet waren. Am schlimmsten aber war es bei Nacht. Da erschien ihm die Tote in furchtbaren Alpträumen, so daß er voller Entsetzen vom Bett aufsprang, um den ihn marternden Geist zu verscheuchen. Mit Geißeln und brennenden Fackeln seien die Furien im Traum hinter ihm her, vertraute er Nahestehenden mehr als einmal an. Der Geist der Ermordeten gab keine Ruhe – in den Nächten meldete sich sein vom Muttermord gepeinigtes Gewissen zurück. Der Traum war die einzige Instanz, die ihn strafen konnte, und das tat er mit gnadenloser Unerbittlichkeit. So daß wenigstens der eine Satz in Neros Rechtfertigungsschreiben an den Senat nicht erlogen war: auch nach dem Tode Agrippinas könne er noch nicht glauben, daß er vor ihr sicher sei …

Quellen: Tacitus, Annalen XIV 1 ff.; Sueton, Nero 34; Cassius Dio 52, 11 ff.; Quintilian, Institutio oratoria VIII 5,18.

«In diesem Zeichen wirst du siegen»

Im Kampf um die alleinige Macht standen sich im Jahre 312 die Mit-Kaiser Maxentius und Konstantin feindlich gegenüber. Oberhalb der Milvischen Brücke im Norden Roms kam es zur Entscheidungsschlacht. Maxentius wollte die Hauptstadt halten, Konstantin dagegen als Alleinherrscher nach Rom einziehen. Man schrieb den 27. Oktober. In dieser Nacht hatte Konstantin einen Traum. Eine höhere Macht mahnte ihn, «das himmlische Zeichen Gottes auf den Schilden seiner Soldaten anzubringen und so die Schlacht zu beginnen» – so der Kirchenvater Laktanz in seinem etwa fünf Jahre nach dem Ereignis niedergeschriebenen Bericht.

Wie reagierte Konstantin auf diesen Traum? «Er tut wie geheißen und zeichnet mit einem quergestellten X, dessen obere Spitze umgebogen ist, Chr(istus) auf die Schilde. Mit diesem Zeichen gerüstet, greift das Heer zu den Waffen.»

Der nächste Tag, der 28. Oktober 312, bestätigt es: Konstantin hat gut daran getan, seiner Traumvision zu folgen. Der Kampf endet für das Heer des Maxentius in einer Katastrophe; er selbst kommt ums Leben. Rom steht dem Sieger offen. Und der hält dort schon am nächsten Tag seinen triumphalen Einzug – in christlicher Deutung die Belohnung dafür, daß er sich bereitwillig als «Werkzeug Gottes» zur Verfügung gestellt und im Namen des wirklichen Gottes gesiegt hat. Die Schilde seiner Soldaten dokumentieren das, und die pro-christliche Politik des neuen Alleinherrschers, die das lange Zeit verfolgte Christentum schließlich in den Rang einer Staatsreligion erhebt, unterstreicht dieses «Selbstverständnis» des Kaisers. Mit dem Traumgesicht des 27. Oktober 312 beginnt eine neue Ära. Es markiert aus der

Sicht christlicher Geschichtsbetrachtung eine entscheidende Zäsur.

Kein Wunder, daß die – bei Laktanz noch sehr knappe – Traum-Erzählung in der christlichen Geschichtsschreibung bald zur visionären Legende ausgebaut wird. Eusebios von Caesarea berichtet in seiner «Vita Constantini» (veröffentlicht um 337) von einer Vision Konstantins schon einige Monate vor der Entscheidungsschlacht. Damals habe er am hellen Nachmittag oben am Himmel über der Sonne das Siegeszeichen des Kreuzes, aus Licht gebildet, und dazu die Worte gesehen «Durch dieses siege!». In der folgenden Nacht sei ihm dann Christus im Traume mit dem gleichen Zeichen erschienen und habe ihn aufgefordert, das Zeichen nachzubilden und es im Kampf als Schutzpanier zu verwenden. Die doppelte Erscheinung überzeugte den Kaiser: Er gab den Auftrag, eine Fahne mit dem Zeichen herstellen zu lassen, und entschloß sich gleichzeitig zum Kampf gegen Maxentius.

Diese zweite Version ist die jüngere. Sie trägt deutliche Züge späterer Ausschmückung und ist daher, auch wenn sich Eusebius dabei auf einen persönlichen Bericht des Kaisers beruft, weniger glaubwürdig. Das hat der Verbreitung der Legende und der Berühmtheit des Traums allerdings keinen Abbruch getan. Im Gegenteil: Das griechische *τούτῳ νίκα (touto nika!)* wurde zum lateinischen *In hoc signo vinces* («In diesem Zeichen wirst du siegen!») «geglättet» und verdeutlicht.

Ein Traum war in Erfüllung gegangen: Der Traum von der *ecclesia triumphans,* der triumphierenden Kirche.

Quellen: Laktanz, De mortibus persecutorum 44; Eusebius, Vita Constantini I 27 ff.

Beruf Traumdeuter – Zwischen Scharlatanerie und Lebenshilfe

Florierender Markt – Chancen auch für «Schwindler und Landstreicher»

Die Worte des Kritikers lassen an Deutlichkeit nichts zu wünschen übrig: Cicero, der die ganze Traumdeutung für pseudo-wissenschaftlichen Humbug hält, nennt die Zunft der Traumdeuter ein *genus levissimum et indoctissimum*[1], ein «absolut unseriöses und ignorantes Völkchen» – Scharlatane, die ihren Kunden mit ihrem Scheinwissen das Geld aus der Tasche ziehen. Preis-Leistungsverhältnis nach Cicero: ungenügend. Denn wenn sich wirklich mal eine Traumdeutung als richtig herausstellen sollte, dann war es eben jener Zufallstreffer, wie er bei der Unzahl von Träumen und Traumdeutungsgesprächen nicht ausbleiben konnte.

Das negative Bild von den Traumdeutungs-Profis, wie es sich auch in einigen anderen Quellen findet, ist durch jene «Feld-, Wald- und Wiesen-Traumdeuter» geprägt, die auf Marktplätzen und vor Tempeln, am Rande großer Feste und bei Sport- oder Vergnügungsveranstaltungen ihre Dienste anboten. Ein Examen oder eine staatliche Anerkennung als Traumdeuter oder Experte in anderen Sparten der Weissagungskunst gab es nicht. Traumdeuter war, wer sich selbst als solchen bezeichnete; ein Traumdeutungs-«Geschäft» konnte jedermann eröffnen. Der Nachfrage-

Markt florierte. Die Aussicht darauf, in diesem stabilen – und in Krisenzeiten ja eher wachsenden – Markt etwas besser zu verdienen als in anderen Branchen, verlockte sicher manche schwarzen Schafe dazu, sich in der Traumdeutungsszene zu etablieren. Nicht jedem ging es dort freilich gut. Von einem Enkel des berühmten athenischen Politikers Aristides hören wir, daß er als völlig verarmter Traumdeuter sein Leben fristete: Er saß tagein, tagaus am Iakchostempel und ernährte sich dort mit Hilfe seines Traumbüchleins mehr schlecht als recht, berichtet Plutarch.[2]

Auch Artemidor, der als Vertreter einer seriösen Traumdeutung außer Frage steht, muß zugeben, daß die Traumdeutung – wie überhaupt die gesamte Wahrsagungsbranche – von einer Reihe zwielichtiger Existenzen und «schräger Figuren» unterwandert war, auf die vornehme Leute mit hochgezogenen Augenbrauen herabschauten. Als «Landstreicher, Schwindler und Bettelpack» verachteten sie diese Markt-Traumdeuter.[3] Eine Verleumdung!, schimpft Artemidor – aber zwischen den Zeilen läßt er doch durchblicken, daß die Vertreter der volkstümlichen Traumdeutung weniger qualifiziert waren als ihre gebildeteren Kollegen, die sich der besser betuchten Klientel annahmen.

Rekonstruktion des Traumgeschehens: Vollständigkeit *muß* sein

Blickt man auf die «goldenen Regeln» der Traumdeutung, so erstaunt es nicht, daß weniger zahlungskräftige Klientel sich an tendenziell windige Traumdeuter halten mußte, während wohlhabende Ratsuchende sich gründlicher arbeitende Interpreten leisten konnten. Denn die Devise «Zeit ist Geld» traf in gewisser Weise auch auf die Traumdeutung zu. Sorgfalt bei der Deutung von Träumen hieß: Der Traumdeuter ließ sich den Traum möglichst genau und vollständig erzählen. Oberflächliche und bruchstückhafte Informationen waren das Gift jeder Traumdeutung: Defizite in der Informationskette *konnten* nicht zu einer verläßlichen Auslegung führen. Also mußten sich beide, Klient *und* Traumdeuter, Zeit nehmen, um das Traumgeschehen möglichst exakt zu rekonstruieren.

«Einzig die lückenlos wiedergegebene Traumwahrnehmung erschließt sich dem Verständnis», warnt Artemidor eindringlich vor Deutungs-«Schnellschüssen»,[4] und seinen Sohn, der wie er seinen Lebensunterhalt als Traumdeuter verdienen will, ermahnt er klipp und klar: «Leg aber nur solche Traumerlebnisse aus, deren Inhalt vollständig wiedergegeben wird, von denen der Träumende eine klare Vorstellung hat und an die er sich genau erinnert»[5]. Das sei der einzige Weg, um dem peinlichen Eindruck der Unwissenheit – nach wiederholten Fehldeutungen! – zu entgehen.

Ein hektisches morgendliches Hetzen zum Traumdeuter, ein hastiger Bericht von Traumfetzen, verbunden mit der drängenden Aufforderung an den Interpreten, aus diesen Erinnerungsfragmenten die Zukunft zu deuten – das war nach Ansicht Artemidors der sicherste Weg in die Fehldeutung. Und angesichts der Verantwortung, die der Traumdeuter übernahm – denn viele seiner Kunden richteten sich nach seiner Auslegung und planten ihren weiteren Lebensweg, der nach Auskunft des Traumdeuters unter glücklichem oder eben auch unglücklichem Stern stehen werde, nach dem ihnen erteilten Bescheid – durfte er eigentlich keine gravierenden «handwerklichen» Fehler machen. Ganz zu schweigen von den auf Dauer außerordentlich geschäftsschädigenden Folgen offensichtlicher Fehldeutungen! Um diesen Berufsrisiken zu entgehen, flüchteten sich gerade die Deutungs-Profis des unteren Marktsegments gern in unverbindliche Allgemeinplätze, die einen möglichst großen Auslegungsspielraum bei ihrer eigenen Auslegung ließen. Eher neigten sie sonst dazu, positive Bescheide zu geben, um ihre Klienten nicht zu verprellen und allzu sehr zu entmutigen. Die schriftlich überlieferte Traumdeutung scheint jedenfalls deutlich realistischer – im Sinne der 50 : 50-Chance von Glück und Unglück – geurteilt zu haben als die Traumdeuter «vor Ort», zu denen die Menschen hochemotionalisiert hinkamen: die einen aufgeregt und voller Angst, die anderen euphorisch und hoffnungsfroh. Den Kunden in dieser Situation nüchtern-distanziert entgegenzutreten, fiel den Traumdeutern sicher schwerer, als wenn jemand den Erfahrungsschatz jahrhundertealter Traumdeutung am häuslichen Schreibtisch ohne den Blick auf einen konkreten Ratsuchenden niederschrieb.

Traumdeutung: kein *en-passant*-Geschäft

Hinzu kam, daß bei mehr zufälliger Befragung eines Traumdeuters eine weitere «goldene Regel» der Zunft verletzt wurde: Der Traumdeuter sollte sich nach Möglichkeit in den Lebensumständen seines Klienten genau auskennen, sich zumindest die Zeit nehmen, von ihm ausführlicher darüber informiert zu werden. Dabei spielte die soziale Stellung des oder der Ratsuchenden ebenso eine Rolle wie die berufliche Tätigkeit und die Vermögenssituation, die familiären Verhältnisse, die Gesundheit und die gegenwärtige psychische Befindlichkeit. Das alles waren Parameter, deren Berücksichtigung für eine zuverlässige Deutung unabdingbar war.[6]

Mehr noch: ein Traumdeuter sollte sich auch in der Lebenswelt seiner Klienten auskennen. Wer sich in einer fremden Stadt als Traumdeuter niederließ, ohne deren Sitten und Gebräuche, die lokalen Besonderheiten und Traditionen zu kennen, der geriet schnell in den Verdacht der Oberflächlichkeit. Wie sollte der Interpret Einzelheiten eines Traumes richtig gewichten und deuten, die in der spezifischen Lebens- und Symbolwelt seines Kunden gründeten, ohne daß er über das entsprechende Wissen verfügte?[7]

Warum konnte sich Aristandros von Telmessos seinen legendären Ruf als berühmtester und erfolgreichster Traumdeuter der Antike erwerben (er war, nebenbei bemerkt, ein «mantisches Multitalent», da er sich auch auf andere Formen der Weissagung bestens verstand)? Weil Alexander der Große ihn zu seinem Hof-Traumdeuter ernannt hatte und ihn auf seine Feldzüge regelmäßig mitnahm. So lernten sich die beiden gründlich kennen; es entstanden ein enges Vertrauensverhältnis und eine Intimität, die es Aristandros erlaubten, viel tiefer in die Traumwelt seines Auftraggebers einzudringen, als es bei einer schwächeren persönlichen Bindung möglich gewesen wäre. Das Ergebnis: Aristandros lag mit vielen Auslegungen goldrichtig, und so etwas sprach sich, zumal angesichts der Prominenz seines Klienten, in einer weitgehend traumgläubigen Welt schnell herum.

Hinzu kam, daß Aristandros durch seine ungewöhnliche Genauigkeit und Gründlichkeit hervorragte. Artemidor gerät geradezu ins Schwärmen darüber, wie Aristandros die Deutungs-«Richtlinien» bezüglich der Zähne verfeinert und differenziert habe.[8]

Grundlage einer zuverlässigen Traumdeutung war demnach das umsichtige Eingehen des Traumdeuters auf die Individualität seines Kunden und seiner spezifischen Lebensumstände. Zuhören, vertiefende Fragen stellen, zur freimütigen Wiedergabe aller Traum-Details ermuntern und die so gewonnenen Informationen in den Zusammenhang der Biographie des Probanden stellen – auf diese Weise mußte der Traumdeuter erst einmal eine Basis schaffen, auf der dann die eigentliche Interpretation des Traumes erfolgen konnte.

Bedeutsamer oder bedeutungsloser Traum?

Zunächst galt es zu klären, ob es sich bei dem Traum um einen bedeutungslosen oder einen bedeutsamen handelte. Denn daß nicht jeder Traum Auskunft über die Zukunft gab, war den antiken Traumdeutern sehr wohl bewußt. Zumindest die seriösen unter ihnen gaben sich denn auch Mühe, in einem ersten Schritt herauszufinden, was es mit der prophetischen Relevanz des jeweiligen Traumes auf sich hatte.

Da träumt einer von seiner Geliebten oder seinem Lieblingssklaven. Kein mantisch brauchbarer Traum, befindet der Traumdeuter. Denn es ist ganz klar, daß man sich dem «Objekt» seiner sexuellen Begierde auch im Schlafe nähert: Das Gefühl, der Affekt, ist tief in der Seele des Träumenden verwurzelt.

Da träumt einer von einer Situation, die ihm auch bei wachem Bewußtsein Angst macht – auch das kein Traum, der irgend etwas über seine Zukunft verrät. Ebensowenig, wenn ein Hungriger vom Essen, ein Durstiger vom Trinken träumt oder einer, der sich den Bauch vollgestopft hat, vom Erbrechen oder Ersticken. All das sind schlicht Reflexe der Gegenwart, keine Hinweise auf die Zukunft.[9] Dergleichen sind einfache Träume *(enhypnia;* latein. *insomnia),* die sich von bedeutsamen Traumgesichtern *(oneiroi;* latein. *somnia)* durch ihre mantische Wertlosigkeit unterscheiden.

oneirokrites, der «Beurteiler», «Ausleger von Träumen», war die geläufige griechische Bezeichnung für den gewerbemäßigen Traumdeuter. Erster Akt seines *krinein,* seines «Entscheidens», war also das Urteil, ob ein schlichtes *enhypnion* oder ein deutungswürdiger *oneiros* vorlag.

Wie aber zog man die Grenzlinie zwischen den beiden Formen? Wo war das nachvollziehbare Kriterium, das eine solche Grenzziehung ermöglichte? Nicht alle Trauminhalte waren ja so eindeutig auf die psychische Befindlichkeit des Träumenden zu beziehen wie in den oben zitierten Beispielen. Und wie entschied sich der Traumdeuter, wenn *ein* Teil eines Traumgeschehens offensichtlich ein *enhypnion* war, andere Motive jedoch Züge eines *oneiros* aufwiesen?

Die Zunft gab sich in dieser Frage selbstbewußt. Eben das gehöre ja zur Kompetenz des Traumdeuters, diesen Unterschied herauszufinden, erwiderten die Auslegungs-Profis. Erfahrung plus Intuition seien die Geheimnisse seiner *techne,* seiner professionellen Kunst, versicherte jeder Traumdeuter. Der Traumgläubige mußte sich schon in dieser Phase des Deutungsgesprächs darauf verlassen, daß er sich an einen kompetenten Traumdeuter gewandt hatte. Und einen ehrlichen, nicht allzu geschäftstüchtigen dazu! Stellte sich der Traum nämlich als unergiebig heraus, so war das Beratungsgespräch beendet, und das Honorar dürfte in diesem Fall deutlich niedriger ausgefallen sein als bei einer prophetischen «Vollversorgung» des Klienten.

Skeptiker freilich legten genau bei dieser ersten Phase der Traumdeutung den Finger in die Wunde. «Wenn die einen Traumgebilde trügerisch sind, die anderen aber wahr», bringt Cicero diese Schwierigkeit auf den Punkt, «dann möchte ich wirklich gern wissen, durch welches Merkmal man sie voneinander unterscheiden kann. Wenn es ein solches Merkmal nicht gibt, warum sollten wir da auf einen Traumdeuter hören? Wenn es aber irgend so ein Merkmal gibt, wünsche ich zu hören, worin es besteht!» Und da die Branche darauf keine klare Antwort geben kann, steht für Cicero fest: «Damit haben wir sie in der Falle!»[10]

Die Traumgläubigen indes ließen sich durch derartige rationale «Mäkeleien» nicht beeindrucken. Wie ging es weiter, wenn der Traumdeuter festgestellt hatte, es liege ein «bedeutsamer» Traum vor?

Unverschlüsselte und verschlüsselte Träume

Für den Traumdeuter blieb nicht viel Arbeit, wenn es sich um einen sog. theorematischen Traum handelte. Bei ihm «sah» der Träumende direkt die Botschaft des Traums. Theorematische Träume waren also unverschlüsselte, unverschleierte Träume, deren Bedeutung für jedermann evident war, weil das Traumerlebnis die Sache genau so abbildet, wie sie geschehen wird. So etwa, wenn einer auf einer Seereise träumt, er werde Schiffbruch erleiden – und das Schiff am nächsten Tag untergeht (wobei der Traum als Warnung dient, gut auf der Hut zu sein). Oder auch der angenehme Traum, man werde von einem Freund Geld erhalten – und am nächsten Morgen steht ein Bekannter vor der Tür und beglückt den so «eingestimmten» Empfänger mit einem schönen Geldgeschenk.[11] Bei derartigen theorematischen Träumen bedurfte man der Auslegungskunst des Traumdeuters nicht – allenfalls seiner Zustimmung zu dem Eindruck, daß überhaupt ein zukunftsverheißender Traum vorlag.

Die große Menge der Träume aber bestand aus allegorischen Traumgesichten. Das waren nach Artemidors Definition «Träume, die ein Ding durch ein anderes anzeigen, wobei die Seele auf natürliche Weise in ihnen mit verhüllten Anspielungen spricht»[12].

Hier waren die Traumdeuter natürlich in ihrem Element; hier konnten sie ihre Kompetenz als Entschlüsselungs-Kundige nachweisen. Eine Reihe von konkreten Beispielen, wie das Auflösen von Symbolen funktionierte, ist im Kapitel über Artemidors «Traumbuch» abgedruckt.

Die allegorischen Träume ließen sich in mehrere Klassen unterteilen. Artemidor unterscheidet fünf. Zur ersten Klasse gehörten danach die persönlichen Träume, die sich nur an den Träumenden selbst richten und nur für ihn in Erfüllung gehen. In die zweite Klasse wurden die fremden Traumgesichte eingeordnet, bei denen der Träumende Zukunftsbotschaften für einen anderen erschaut, der ihm jedoch nicht völlig fremd sein darf. Die dritte Klasse umfaßte die gemeinsamen Traumgesichte, also alle die, die für den Träumenden und einige Mitbeteiligte aus seinem Verwandten- oder Freundeskreis gelten. Als vierte Gruppe erschienen die sog. politischen, die die gesamte Bürgerschaft einer Stadt tangieren – typische Traummotive dafür waren Marktplätze, öffentliche Bauten und Stadtmauern. In die fünfte Klasse schließlich gehörten die Träume, die besondere meteorologische Phänomene wie Sonnen- und Mondfinsternisse umfassen und wegen ihrer «weltweiten» Gültigkeit als «kosmische» Traumgesichte eingestuft wurden.[13]

Das Gros der Träume bezog sich allerdings auf das Geschick des einzelnen und seiner Umgebung. Da war natürlich auch die Motivation am stärksten, sich bei einem

Traumdeuter zu erkundigen: Es waren die ganz persönlichen Hoffnungen und Ängste, Wünsche und Sorgen, die die Menschen bewegten und sie in die Sprechstunden der Trauminterpreten trieben.

Wie interpretiert man ein Traumgesicht? – Traumdeutung zwischen Handwerk und Sehergabe

Wie ließ sich nun das Verschlüsselte entschlüsseln, das Rätsel des Traums enträtseln? Entscheidend war, daß die allegorische Vorstellung des Traumgeschehens über eine richtige «Auflösung» der Symbole auf die Ebene des realen Geschehens transponiert wurde. Dazu standen den Traumdeutern neben ihrer eigenen Routine zunächst einmal die Erfahrungen vieler Generationen von Vorgängern zur Verfügung. Die waren vielfach schriftlich fixiert und zu systematisch aufgebauten Lehrbüchern mit einem großen Fundus an Traummotiven zusammengefaßt worden. Je nach Anspruch und Professionalität verfügte der Traumdeuter über solche Standardwerke – oder zumindest eines, das auch der auf dem Wochenmarkt oder am Tempeleingang «praktizierende» Traumdeuter griffbereit zur Hand hatte, um es gegebenenfalls zu konsultieren.

Nun weiß freilich jeder, daß Träume in der Regel nicht so konsequent und stromlinienförmig sind, daß es im Normalfall ausreichen würde, in das Register eines Traumlexikons zu schauen und dann unter dem herausgefundenen Stichwort nachzuschlagen. Das Vertrackte an vielen Träumen sind ihr wirrer, ungeordneter Charakter und ihre Vielzahl an unterschiedlichen Traumgegenständen und -motiven. Hier waren Kombinationsgabe und Scharfsinn, aber auch die praktische Erfahrung des Traumdeuters gefragt, um das Chaos des Traumgeschehens in feste Konturen zu bringen. Ihm oblag es, aus der Menge der Motive das dominante herauszuarbeiten bzw. die verschiedenen Motive gegen- und miteinander abzuwägen und in ihrer Gesamtheit zu dechiffrieren.

Aus der im Laufe vieler Jahrhunderte erarbeiteten Systematik der Auslegekunst ließen sich dabei bestimmte Regeln nutzen, die sich als allgemein verläßlich erwiesen hatten. Damit die ganze Sache aber nicht in einen letztlich sterilen Schematismus abglitt, mußten eben jene persönlichen Lebensumstände des Träumenden mit in den Blick genommen werden, von denen oben schon die Rede war.

Im übrigen stand vieles in den Traumbüchern, aber beileibe nicht alles. Was hatten Namen zu bedeuten, an die sich der Mandant erinnerte? Wie waren Traumgesichter zu ergänzen, die der Klient selbst beim besten Willen nur unvollkommen wiedergeben konnte? War es besser, mit der Deutung vom Anfang des Traums her anzusetzen oder von seinem Ende her? Wo lenkte Nebensächliches von der eigentlichen Botschaft ab, wo mußte scheinbar Unbedeutendes ernster genommen werden, als es im Traum erschienen war?

Buchwissen allein, das zeigt schon diese Zusammenstellung weniger Fragen, reichte für einen guten Traumdeuter nicht aus – und auch nicht Erfahrung und exzellentes Allgemeinwissen. Was den wirklichen Meister der Traumdeutungskunst auszeichnete, war jenes gewisse Extra aus Kombinationsgabe und Intuition, das man nicht erlernen konnte. Entweder man hatte sie, oder man hatte sie nicht: die Fähigkeit, von übernatürlichen Mächten verschleierte Botschaften zu erschauen.

Dieses irrationale Qualifikationsmerkmal kam in der allgemeinen Überzeugung zum Ausdruck, daß Bewohner bestimmter Gegenden zur Traumdeutung geeigneter seien als andere. Man schrieb diese mantische Begabung unter anderem den kleinasiatischen Telmessern, den Hybläern auf Sizilien und den Sabinern in Italien zu.[14] Mit Hochachtung sprach man gelegentlich von *oneirosophoi,* von «weisen», «tüchtigen» Traumdeutern.[15] Solche in ihrer prophetischen Kompetenz anerkannten Experten werden schon bei Homer in einem Atemzug mit Priestern und Sehern genannt[16] – offensichtlich, so die darin zum Ausdruck kommende respektvolle Hochschätzung, standen sie den Göttern näher als der normale Mensch. Denn die Götter erlaubten ihnen, zum Wohl ihrer Klienten etwas zu entschlüsseln, was dem einfachen Sterblichen ohne deren Hilfe rätselhaft geblieben wäre.

Der Gegensatz zwischen diesen Könnern, zu denen man als Mittlern gottgesandter Wahrheiten ehrfürchtig aufschaute, und den dubiosen Figuren des Gewerbes war groß. Von der pauschalen Verunglimpfung der Traumdeuter durch Cicero als ignorante, aufgeblasene Scharlatane hätte sich eine Mehrheit unter den Menschen des Altertums wohl deutlich distanziert, und zwar völlig unabhängig von ihrer Position in der gesellschaftlichen Hierarchie. Denn für jeden Traumgläubigen lag es an der mangelnden Kompetenz des *einzelnen* Interpreten, wenn offensichtliche Fehldeutungen durch die Wirklichkeit aufgedeckt wurden. Ihn konnte es auch nicht irritieren, wenn zwei Traumdeuter gelegentlich zu unterschiedlichen oder sogar entgegengesetzten Interpretationen ein und desselben Traumes gelangten.[17] Für ihn waren das allenfalls ärgerliche «Betriebsunfälle» oder bedauerliche Störungen in der Kommunikation mit den übernatürlichen Sendern der nächtlichen – oder mitunter auch im Tagesschlaf übermittelten[18] – Botschaften.

Unerhört, wenn da «Ungläubige» maliziös argwöhnten, die eigentliche «Kunst» des Traumdeuters bestehe darin, seine Klienten mit seinem Erfindungsreichtum geschickt über sein Nichtwissen hinwegzutäuschen![19] Solch kleinmütigen Kritikern stellt Artemidor programmatisch den Titel seines 3. Buches über die Wahrsage-Zunft entgegen. Es hieß «Der Wahrheitsfreund. Ein Handbuch»[20].

1 Cicero, De divinatione II 129.
2 Plutarch, Aristeides 27.
3 Artemidor I prologus.
4 Artemidor I 12.
5 Artemidor IV 3.
6 Artemidor I 9.
7 Artemidor IV 4; I 8.
8 Artemidor I 31.
9 Artemidor I 1; Macrobius, Commentarii in Somnium Scipionis, I 3,3 ff.
10 Cicero, De divinatione I 128.
11 Artemidor I 2.
12 Artemidor I 2.
13 ebenda.
14 Pausanias V 23,6; Festus 434 L.
15 Euripides, Hecuba 709.
16 Homer, Ilias I 62 f.
17 Cicero, De divinatione II 144 f.
18 Artemidor I 7.
19 Cicero, De divinatione II 145.
20 Artemidor IV prologus

Träume, Träume, Träume – und was sie uns sagen Eine Auswahl aus Artemidors berühmtem «Traumbuch»

Artemidor? Nie gehört!

Keine seltene Reaktion auf diesen Namen – auch nicht im Kreise derer, die mit der Antike etwas vertrauter sind oder sogar altertumskundliche Fächer studiert haben. Dieses Nichtwissen erklärt sich, wenn man die Elle literarischer Qualität an Artemidor anlegt. Zu den «Schwergewichten» der griechischen Literatur wird ihn auch niemand zählen, der ihn aus anderen Gründen schätzt. In den griechischen Literaturgeschichten fristet er ein entsprechendes Schattendasein, und der Schulunterricht macht um ihn einen genauso weiten Bogen wie die Universitätsseminare – ein «Fachschriftsteller» halt, stilistisch wenig ansprechend und gedanklich nicht selten etwas schlicht.

Gerade seine «Fachschriftstellerei» aber ist es, die ihm trotz allem einen einzigartigen Rang in der schriftlichen Überlieferung aus dem Altertum zuweist. Aus seiner Feder stammt das einzige erhaltene «Traumbuch», eine lexikonartige Fallsammlung von rund 1400 Traummotiven und deren Deutung. Ein Zufall der Überlieferung hat es gefügt, daß allein die fünf Bücher des «Oneirokritikon» Artemidors uns diesen gründlichen Einblick in die Theorie und Praxis der antiken Traumdeutung erlauben. Denn im Grunde herrschte an derartiger Literatur kein Mangel; der Buchmarkt des Altertums kannte eine ganze Reihe einschlägiger Werke. Das älteste stammte bereits aus dem 5. Jh. v. Chr., und je breiter der Traditionsstrom von Traumdeutungserfahrungen aller Art im Laufe der Jahrhunderte anschwoll, um so mehr Experten (und solche, die sich dafür hielten) griffen zum Federkiel, um der Nachwelt den mehr oder weniger gesicherten und erprobten Interpretationsfundus zu erhalten.

Auf viele dieser Vorgänger bezieht sich Artemidor ausdrücklich, und das zeigt, daß er sich in der Fachliteratur hervorragend auskannte. Aber nicht nur das. Artemidor war kein Schreibtischgelehrter, der nur aus alten Buchrollen ein neues, «aktuelles» Kompendium zusammenstellte. Er war vielmehr auch in der Praxis zu Hause. Eine wohl jahrzehntelange Erfahrung als «aktiver» Traumdeuter lag hinter ihm, als er gegen Ende seines Lebens den Entschluß faßte, sein in Theorie und Empirie gewonnenes Wissen einem breiteren Publikum zugänglich zu machen. Hinzu kam eine ausgedehnte Reisetätigkeit in Sachen Traumdeutung. Artemidor war im gesamten Mittelmeerraum herumgekommen, und auf diesen Studienreisen hatte er mit Kapazitäten der Traumdeutung ebenso diskutiert, wie er sich nicht zu schade gewesen war, auch mit den einfachen, wenig gebildeten Genossen seiner Zunft, die ihr «Massen»-Geschäft auf den Märkten betrieben, ins Gespräch zu kommen. Auch wenn man sich an der geistigen Unbedarftheit mancher Passagen stoßen mag, steht doch fest: Artemidor war ein hochkarätiger, in Theorie wie Praxis der Traumdeutung bestens ausgewiesener Fachmann.

Glück im Unglück der bescheidenen Überlieferungslage: Wir stoßen da wenigstens nicht auf einen windigen Scharlatan, sondern auf einen zuverlässigen Informanten, der zudem schon ziemlich weit am Ende der antiken Traumdeutungs-Tradition steht. Artemidor lebte im 2. Jh. n. Chr., grob datiert von ca. 100 bis ca. 180, und zwar im kleinasiatischen Ephesos – dort, wo die kulturellen und geistigen Anregungen des Vorderen Orients immer auf fruchtbaren Boden gefallen und mit griechischem Denken zusammengeführt worden waren. Kein unerheblicher Gesichtspunkt für die Traumdeutung: Ihre Wiege stand ja in Babylonien. Nach der lykischen Heimatstadt seiner Mutter bezeichnet sich der Autor allerdings als Artemidoros von *Daldis* – ein «Künstlername», wenn man so will.

Für wen schreibt Artemidor? Wen stellt er sich als Leserschaft seines Werkes vor? Es ist kein ausgesprochen professionelles Publikum, an das er sich wendet (wenngleich die beiden letzten Bücher seinem Sohn, ebenfalls Traumdeuter von Profession, gewidmet sind). Nicht seine Traumdeutungs-Kollegen, sondern eine an Traumdeutung interessierte größere Öffentlichkeit stellt er sich vor – Menschen, die nach einem Traum zunächst einmal in seinem «Lexikon» zur Orientierung nachschlagen, bevor sie sich an einen Traumdeutungs-Profi wenden (oder auch feststellen, daß das gar nicht mehr erforderlich ist). Im weiteren Sinne könnte man die Sammlung unter die Ratgeber-Literatur zählen – ein auch für Laien verständliches, gleichwohl (im Sinne der Zunft) «wissenschaftlich» fundiertes Sachbuch.

Die Anlage des Werkes folgt – vor allem in den ersten beiden Büchern, die Artemidor zunächst allein herausgebracht hatte – entsprechend klaren Kategorien: Geburt, Körper und einzelne Körperteile, Geschlechtsverkehr,

Kleidung, Nahrung, Freizeit und Götter sind einige der Ordnungskriterien seiner Sammlung – eine leicht überschaubare Hilfe, um morgens rasch «fündig» zu werden.

Der Glaube an die Vorbedeutung von Träumen war im Altertum bei allen sozialen Schichten weit verbreitet. Reiche und Mächtige hielten sich freilich ihre Haus-Traumdeuter, und wer einigermaßen wohlhabend war, konsultierte sicher auch lieber einen Profi «live», als in einem Traumbuch nachzuschlagen. Das mittlere und einfache Bürgertum aber, daneben auch Angehörige unterprivilegierter Schichten bis hin zu Sklaven, dürften, sofern sie lesen konnten, dankbar für solch ein Traumdeutungs-«Lexikon» gewesen sein (das man in der Stadt ja auch in Bibliotheken einsehen konnte). Daß Artemidor auch an diese Gesellschaftssschichten gedacht hat, zeigt die auffällige Differenzierung der Trauminterpretation nach dem Beruf und der sozialen Stellung des Träumenden. Denn Traum war beileibe nicht gleich Traum: Der sozioökonomische Kontext des Träumenden mußte stets ebenso mitbedacht werden wie seine persönliche Situation und seine psychische Verfassung. So erklärt es sich, daß den ca. 1400 Traummotiven der Sammlung mehr als doppelt so viele, nämlich an die 3000, Deutungen gegenüberstehen – je nach der Person des Träumenden.

Von den Historikern ist das Traumbuch des Artemidor in den letzten Jahren zunehmend als sozial- und alltagsgeschichtliche Quelle genutzt worden. Zu Recht. Denn in vielen Träumen und Deutungen spiegeln sich die Nöte und Ängste, die Wünsche und Sehnsüchte gerade auch der kleinen Leute wider. Wobei die beherrschende Frage die nach der Zukunft war: Was sagte ein Traum über die künftige Gesundheit des Träumenden und seiner Familie, über sein persönliches Glück und seine Vermögensverhältnisse aus? Traumdeutung war so auch ein Stück praktischer Lebenshilfe, der Versuch, dem im ganzen unsicheren, viel weniger als heutzutage planbaren und stabilen Leben qua Traum-Orakel sozusagen Informationen über die Richtung abzutrotzen, in der es weitergehen würde – auch wenn man dabei mit manch deprimierender Antwort konfrontiert wurde, die Unglück verhieß.

Die Sammlung Artemidors macht sehr eindringlich deutlich, wie intensiv Traumdeutung im Altertum als mantische Disziplin betrieben und befragt wurde. Es ging nicht, wie bei heutiger Traumanalyse, darum, über sich selbst mehr zu erfahren, sondern man wollte ganz konkret einen Blick in die Zukunft werfen und erkunden, was sie für einen bereithielt.

Allerdings war nicht jeder Traum bedeutsam. Artemidor unterscheidet – wie die gesamte Zunft – zwischen bedeutungslosen Träumen und wahrsagenden «Traumgesichtern», den eigentlichen *oneiroi*. Sie säuberlich voneinander zu unterscheiden, bedurfte es der Kompetenz und der Intuition des Traumdeuters. Hier half das «Traumbuch» nur sehr bedingt weiter. Seine Stärken aber hat es in der «Entschlüsselung» allegorischer Träume. *Sie* bilden das Gros der interpretierten Träume – da die unverschlüsselten, sog. theorematischen Träume in ihrer Offensichtlichkeit auch jedem Laien zugänglich sind, brauchte Artemidor sie nicht eingehend zu behandeln. Das Prinzip der Deutung ist ganz wesentlich das der Analogie. Der Traumdeuter erkennt die Symbole und kann sie gewissermaßen in Klartext übersetzen. Manche der von Artemidor gezogenen Parallelen kommen dem heutigen Leser sehr oberflächlich, waghalsig oder gekünstelt vor. Man darf aber nicht vergessen, daß gerade

Symbole im Volksglauben stark verankert waren und uns viele zeitgenössische Vorstellungen – und die Bezugswelt auch der allegorischen Träume ist ja die Lebenswelt der Antike! – fremd geworden sind.

Aus der Fülle des komplizierten, streng kasuistisch angelegten Traumdeutungssystems, das Artemidor uns überliefert, wird im folgenden eine Auswahl getroffen, die einerseits Einblick in die Technik der antiken Traumdeutung geben soll, die aber andererseits vor allem Traumgegenstände betrifft, die auch heute noch eine gewisse Aktualität haben und nicht so stark zeitgebunden sind. Ob er die Interpretationen akzeptieren oder jedenfalls nachvollziehen und erwägen will, bleibt jedem Leser selbst überlassen. Als einziger methodischer Vorbehalt sei an die Tatsache erinnert, daß Träume natürlich den Erfahrungs- und Kulturhorizont des Träumenden reflektieren – will sagen: im konkreten Fall die griechisch-römische Welt des zweiten nachchristlichen Jahrhunderts.

Wer allerdings deshalb das gesamte Werk für nur noch kulturgeschichtlich interessant, als Beitrag zur modernen Traumdeutungs-Diskussion aber für obsolet hält, sei auf zwei sehr unterschiedliche, aber in beiden Fällen sehr gewichtige Rezeptionen des Artemidor hingewiesen: Das Werk wurde im Mittelalter sogar ins Arabische übersetzt, und in der Moderne hat sich Sigmund Freud sehr intensiv mit seinem antiken «Kollegen» beschäftigt.

Wer mit der von der Herausgeberin getroffenen Auswahl nicht zufrieden ist, oder wem sie Lust macht, das gesamte Traumbuch Artemidors durchzulesen, sei auf die gute und zuverlässige Übersetzung von Karl Brackertz (Artemis-Verlag, Zürich/München 1979) verwiesen, die für die hier ausgewählten Passagen übernommen wurde.

Abschiedsgruß (I 82)

Spricht oder hört man im Traum den Gruß «Lebewohl» oder «Bleibe gesund», so hat das nichts Gutes zu bedeuten; denn diese Worte gebrauchen die Menschen nicht, wenn sie zueinanderkommen noch wenn sie etwas unternehmen wollen, sondern nur dann, wenn sie Abschied voneinander nehmen oder sich zur Ruhe begeben. Deswegen trennt es Ehen und Gemeinschaften und rafft Kranke hinweg.

Ackerbau (I 51)

Das Bestellen des Ackers, das Säen, Pflanzen oder Pflügen ist für Heiratslustige und für Kinderlose von guter Vorbedeutung; das Ackerland bedeutet ja nichts anderes als die Frau, die Samen und die Pflanzen die Kinder, und zwar Weizen Söhne, Gerste Töchter, Hülsenfrüchte aber Fehlgeburten; allen übrigen Menschen zeigt es Anstrengung und Drangsal an. Ist jemand im Hause des Träumenden krank, wird der Betreffende sterben; denn Samen und Pflanzen werden ebenso wie die Verstorbenen mit Erde bedeckt.

Adler (II 20)

Der Anblick eines Adlers auf einem Felsen, auf einem Baum oder in schwindelnder Höhe ist für Unternehmungslustige ein gutes Zeichen, ein böses dagegen für Leute, die in Angst leben. Fliegt er ruhig und geräuschlos, bringt er ebenfalls einem Mann Glück, doch läßt dessen Erfüllung gewöhnlich auf sich warten. Ein Adler, der sich auf dem Kopf des Träumenden niederläßt, prophezeit diesem den Tod; denn was er einmal mit seinen Fängen packt, tötet er.

Angeln (II 14)

Angelschnüre, Angeln, Angelruten und die sogenannten Fischfallen bezeichnen Anschläge und Hinterhältigkeiten. Immer ist es besser zu träumen, man besitze selbst derlei Geräte, als sie in fremder Hand zu sehen. Viele und große Fische zu fangen bringt jedermann Glück und materiellen Gewinn, ausgenommen Leuten, die eine sitzende Tätigkeit haben.

Äpfel (I 73)

Der Anblick und das Verzehren von süßen, reifen Sommeräpfeln ist gut; es bedeutet reichen Liebesgenuß, besonders denen, die um eine Frau oder Geliebte werben, denn der Apfel ist der Aphrodite geweiht. Saure Äpfel dagegen bezeichnen Aufruhr und Streitigkeiten; denn sie sind der Eris zugehörig. Die Winteräpfel, die man auch Quitten nennt, bringen wegen ihrer zusammenziehenden Wirkung Kummer.

Arbeit (I 51)

Hinsichtlich der Unterweisung in den Handwerken, Arbeiten und Berufen gilt im allgemeinen und für alle Fälle folgende Regel: Die Arbeit oder das Handwerk, das man erlernt hat, in dem man ausgebildet wurde, in dem man tätig gewesen ist und schafft, im Traum zu betreiben und auszuüben und ein Vorhaben glücklich zu Ende zu führen, bringt jedermann Segen; denn was einer sich vorgenommen hat, wird er erreichen und nach Wunsch erledigen. Von schlimmer Vorbedeutung hingegen ist das Mißlingen eines

Vorhabens; es bedeutet das Gegenteil von dem, was man wünscht.

Augen (I 26)

Der Verlust der Augen kündigt den Verlust dessen an, was ihnen entspricht. Glück dagegen bringt es einem Gefangenen oder einem, der von anderen gewaltsam festgehalten wird, und einem Bettelarmen, wenn er träumt, zu erblinden. Die ersten werden das Elend um sich herum nicht weiter schauen, der letztere hilfreiche Menschen finden; denn ein Blinder erfährt von allen Seiten Beistand und ist damit selbst aller Anstrengungen enthoben. Den Antritt einer Reise vereitelt das Traumgesicht, und einem Verreisten sagt es, er werde nicht mehr in seine Heimat zurückkehren; denn ohne Augenlicht bekommt man weder die Fremde noch die Heimat zu Gesicht. Unglück bringt es auch einem Soldaten und jedem, der am kaiserlichen Hof lebt. Wettkämpfern, die in schwerathletischen Disziplinen antreten, prophezeit es eine Niederlage, Wettläufern aber einen Sieg. Ich kenne einen Wettläufer, dem es träumte, als er sich an den in Italien veranstalteten Gedächtnisspielen beteiligen wollte, die der Kaiser Antoninus zu Ehren seines Adoptivvaters Hadrian gestiftet hatte, er wäre erblindet. Der Mann errang den Sieg; denn ebenso wie ein Blinder kann der, welcher im Lauf vorne liegt, seine Konkurrenten nicht sehen. Von schlimmer Vorbedeutung ist das Gesicht für Steuerleute, Astronomen und Weissager. Wer auf der Suche nach etwas Verlorenem ist, wird dasselbe nach diesem Traumgesicht nicht wiederfinden, und wer hinter einem flüchtigen Sklaven her ist, denselben nicht ergreifen. Dichtern aber bedeutet solches Traumerlebnis höchstes Glück; denn diese müssen innerlich ganz gelöst sein, wenn sie dichten wollen; sie sind es aber am ehesten dann, wenn sie infolge des Verlustes ihres Augenlichtes weder durch Formen noch durch Farben abgelenkt werden. Kranken prophezeit dieses Traumgesicht in jedem Fall den Tod, weil sie des Lichtes beraubt sind.

Augenbrauen (I 25)

Buschige, glänzende Augenbrauen sind für jedermann, besonders für Frauen glückbringend; denn diese färben sich gewöhnlich der Schönheit wegen die Augenbrauen mit schwarzer Tinktur. Daher zeigen sie Vergnügungen und gute Geschäfte an. Kahle Augenbrauen dagegen sagen nicht nur Stillstand der Geschäfte und Mißvergnügen voraus, sondern auch einen bevorstehenden Trauerfall; denn es ist ein alter Brauch, sich bei einem Trauerfall die Augenbrauen auszurupfen.

Baden (I 64)

Die ganz Alten hielten das Baden nicht für ein übles Vorzeichen; denn öffentliche Bäder waren ihnen noch unbekannt, und man badete in sogenannten Sitzwannen; die Späteren aber erklärten, als es schon Badeanstalten gab, sowohl das Baden als auch den Anblick einer Badeanstalt für unheilvoll, selbst wenn man kein Bad nahm. Nach ihrer Meinung bedeutete ein öffentliches Bad wegen des darin herrschenden Lärms Aufregung, wegen des ausströmenden Schweißes Schaden, ferner seelische Angst und Beklemmung, weil Haut und Oberfläche des Körpers im Bad die Farbe wechseln. Noch heutzutage gibt es Leute, die an der alten Auffassung festhalten und die Träume dementsprechend auslegen; sie sind jedoch im Irrtum und stellen nicht die Erfahrung in Rechnung. Ehedem bedeuteten Bäder ganz natürlich etwas Schlimmes, weil die Leute nicht regelmäßig badeten und Badeanstalten in so großer Zahl nicht zur Verfügung hatten, sondern man nur nach Beendigung eines Kriegsdienstes oder nach Überstehen großer Strapazen ein Bad zu nehmen pflegte (Bad und Baden waren für sie also eine Erinnerung an Strapazen oder Krieg).

Heutzutage aber speisen gewöhnlich die einen nicht eher, bevor sie ein Bad genommen, andere tun es auch nach dem Essen; und dann baden sie vor dem Abendessen noch einmal. So ist in unserer Zeit das Baden nichts anderes als ein Mittel zu einem genußreichen Leben. Deshalb ist das Baden in schönen, hellen und gut temperierten Hallen ein gutes Vorzeichen und beschert Gesunden Reichtum und geschäftlichen Erfolg, Kranken Gesundheit; denn Baden ist ein Zeitvertreib der Gesunden, sie tun es nicht aus Not oder Zwang.

Badet jemand auf unschickliche Art und Weise, so steht ihm nichts Gutes bevor. Steigt z. B. einer mitsamt den Kleidern in das Warmbad, hat er Krankheit und große Beklemmungen zu gewärtigen; denn Kranke steigen bekleidet ins Bad, und Leute, die wegen wichtiger Entscheidungen in arger Bedrängnis sind, schwitzen auch in den Kleidern. Schlimm ist es für einen Armen, mit großer Dienerschaft und vielen Leuten um sich herum zu baden; es zeigt ihm langwierige Krankheit an; denn ein Armer badet gewöhnlich ohne einen Schwarm von Dienern. Entsprechend ist es für einen Reichen ein böses Zeichen, allein zu baden. Für alle Menschen aber ohne Unterschied ist es unheilvoll, nicht schwitzen zu können oder die Badeanstalt ohne Dach unter freiem Himmel zu sehen oder kein Wasser in den Becken vorzufinden; letzteres ist am allerschlimmsten. Denn was einer erhofft, wird er nicht zustande bringen, vor allem dann, wenn er unmittelbar oder mittelbar seinen Lebensunterhalt durch die große Menge verdient.

In warmen Wassern zu baden, d. h. in solchen, die es von Natur aus sind, zeigt Kranken Genesung, Gesunden Stillstand der Geschäfte an; denn warme Bäder pflegen nur Erholungssuchende oder Leute, die nichts zu tun haben, aufzusuchen. Segensreich ist es, in Quellen, Seen, Brunnen und Flüssen von reinem und klarem Wasser zu baden, aber keinesfalls zu schwimmen, weil letzteres jedermann Unheil bringt und das Symbol von Gefahr und Krankheit ist.

Bienen (II 22)

Bienen bringen Bauern und Bienenzüchtern Segen; allen anderen Menschen prophezeien sie wegen des Summens Aufregungen, wegen des Stachels Verwundungen und wegen des Honigs und Wachses Krankheit.

Boxen (I 61)

Der Faustkampf ist für jedermann verlustreich; er bedeutet Schande und Verluste; denn es wird dabei das Gesicht verunstaltet und Blut vergossen, welches allgemein als Symbol des Geldes gilt. Glück bringt diese Kampfesart nur denen, welche mit Blut ihren Lebensunterhalt verdienen, nämlich Ärzten, Opferpriestern und Köchen.

Brot (I 69)

Träumt man, sein gewohntes Brot zu essen, so bringt das Segen; dabei ist einem Armen Graubrot, einem Reichen Weißbrot angemessen. Im umgekehrten Fall hat man nicht nur nichts Gutes, sondern sogar Schlimmes zu gewärtigen; denn Weißbrot zeigt Armen Krankheit, Graubrot den Reichen Entbehrung an. Gerstenbrot bringt allen Glück; denn nach der Sage war dies die erste Nahrung, die die Götter den Menschen geschenkt haben.

Brust (I 41)

Eine gesunde, heile Brust ist ein gutes Vorzeichen; eine zottige und dicht behaarte prophezeit nur Männern Glück und Gewinn, Frauen dagegen Witwenschaft; denn fehlt die Mannsperson, für die sie sich putzen und pflegen, lassen sie sich gehen und werden haarig. Glückbringend sind auch Frauenbrüste, wenn sie keinerlei Spuren von Krankheit zeigen. Werden sie dazu noch größer, ohne ihr Ebenmaß und ihre Anmut zu verlieren, verheißen sie Zuwachs an Kindern und Sklaven. Befällt sie aber ein Leiden, sind sie z. B. voller Geschwüre, bedeuten sie Krankheit und, wenn sie abfallen, den Kindern des Träumenden den Tod. Sind Kinder nicht vorhanden, sind sie das Symbol von Mangel, vielfach auch von Trauer, besonders für Frauen. Diese pflegen sich ja bei einem Trauerfall die Brüste zu entstellen. Bei einer Amme, die ein Kind nährt, wird sich das Gesicht im Hinblick auf den Säugling erfüllen. Viele Brüste haben bedeutet dasselbe wie das Größerwerden derselben, einer Frau auch Ehebruch. Von irgendeinem Bekannten an der Brust verwundet zu werden, kündigt alten Leuten eine betrübliche

Nachricht von irgendwo an, während es jungen Leuten beiderlei Geschlechts Liebesleidenschaft offenbart.

Eber (II 12)

Der Eber zeigt Land- oder Seereisenden einen gefährlichen Sturm an, Prozessierenden einen mächtigen, rücksichtslosen und gewalttätigen Gegner, der vielfach eine brutale Sprache führt, Bauern Unfruchtbarkeit, weil das Tier die Pflanzungen verwüstet, und einem Heiratslustigen gesellt es eine Frau zu, die weder Herzensgüte noch Anstand besitzt. Es ist aber gar nicht verwunderlich, daß der Eber auch eine Frau bezeichnet. Mag die Bemerkung auch geschmacklos erscheinen, so will ich sie doch vorbringen, um damit meine häufig gemachte Erfahrung unter Beweis zu stellen. Eber heißt das Tier und bedeutet ganz begreiflich ein Frauenzimmer; denn so werden geile Weibsbilder genannt, und Menandros sagt: «Du geilst ja wie ein Eber, Unglücksweib!»

Eiche (II 25)

Die Eiche bezeichnet wegen ihres Nährwertes einen reichen, wegen ihres hohen Alters einen hochbetagten Mann oder aus demselben Grund die Zeit. Der Lorbeer bedeutet wegen seines immergrünen Wuchses eine reiche und wegen seiner Anmut eine schöne Frau, ferner eine Reise, eine Flucht und enttäuschte Erwartungen wegen der Geschichte, die von dem Baum erzählt wird.

Elefant (II 12)

Ein Elefant, außerhalb Italiens und Indiens geschaut, zeigt

wegen seiner Hautfarbe und Körpergröße Gefahr und Schrecken an; denn das Tier jagt Schrecken ein, besonders denen, die an seinen Anblick nicht gewöhnt sind. In Italien bedeutet er den Herrn, den Kaiser und einen sehr hohen Würdenträger. Deshalb prophezeit er Wohltaten von diesen Personen, wenn er friedlich und gehorsam seinen Reiter trägt, wenn er aber widerspenstig ist, Schaden. Oft kündigt ein verfolgender oder drohender Elefant Krankheit an. Packt und tötet er den Träumenden, prophezeit er ihm den Tod; greift er ihn nicht, wird jener in äußerste Lebensgefahr geraten, aber gerettet werden.

Erbrechen (IV 26)

Jedes Erbrechen von Blut, Nahrungsmitteln und Schleim lege mittellosen Leuten als Gewinn aus, reichen aber als Schaden; denn jene können nichts verlieren, falls sie nicht zuvor vermögend geworden sind, diese besitzen schon und können verlieren.

Falke (II 20)

Der Falke bedeutet eine königliche und reiche Frau, die auf ihre Schönheit stolz ist, Klugheit und feine Umgangsformen besitzt.

Fellatio (I 79)

Am allerschlimmsten ist es nach meiner Beobachtung, wenn man von Fellatio durch die Mutter träumt; es bedeutet dem Träumenden den Tod der Kinder, Verlust seines Hab und Gutes und schwere Krankheit. Ich kenne jemand, der nach diesem Traumgesicht sein Geschlechtsglied verlor; ganz folgerichtig wurde er an dem Körperteil gestraft, mit dem er gefrevelt hatte. Träumt jemand von Fellatio durch seine Frau oder seine Geliebte, so wird Feindschaft die Folge sein, oder Ehe und Liebschaft werden in die Brüche gehen; denn solch eine Person kann weder am Essen noch am Küssen teilhaben, es sei denn, die Frau gehe schwanger; in diesem Falle wird sie die Leibesfrucht verlieren, weil sie den Samen auf widernatürliche Weise empfing. Ferner wird die Frau, die vermögender als ihr Mann ist, viele Schulden für ihn bezahlen und eine, die mit einem Sklaven zusammenlebt, große Summen von sich aufbringen und ihn damit freikaufen, und auf diese Weise wird die Not des Mannes (denn so wird das Geschlechtsglied genannt), das heißt seine Zwangslage, bereinigt werden. Träumt man von Fellatio durch einen Freund, einen engen Verwandten oder ein Kind, das aus dem Gröbsten heraus ist, so wird man sich mit dem Fellator verfeinden; widerfährt einem solches durch ein kleines Kind, wird man dieses begraben; denn unmöglich kann man dieses noch küssen. Fellatio durch einen Unbekannten bedeutet, man werde mit irgendeiner Strafe belegt werden, wegen der nutzlosen Ausscheidung des Samens. Träumt jemand, er praktiziere selbst solche jeder Beschreibung spottenden Dinge an einem Bekannten, Mann oder Frau, so wird er sich mit dem Betreffenden überwerfen, weil er keines anderen Mund mehr berühren kann. Fellatio an einem Unbekannten bringt jedermann Schaden, ausgenommen denen, die mit dem Mund ihren Lebensunterhalt verdienen, ich meine Flötenspieler, Trompeter, Rhetoren, Sophisten und ähnliche Leute. Über den widernatürlichen Geschlechtsverkehr kann man etwa folgendes sagen: Träumt ein Reicher, er verkehre mit sich selbst, so prophezeit es ihm den Verlust seines Vermögens, bitterste Not und Hunger, weil kein Partner für ihn da ist, einem Armen hingegen stehen schwere Krankheit oder übermäßige Qualen bevor; denn ohne große Qual kann niemand mit sich selbst verkehren. Träumt ein Kinderloser, er küsse sein Glied, so werden ihm Kinder geschenkt werden; hat er Kinder in der Fremde, wird er sie in der Heimat wiedersehen und herzlich küssen; viele Unverheiratete gingen nach diesem Traumerlebnis eine Ehe ein. Träumt man von Fellatio mit sich selbst, so bringt das einem Armen, einem Sklaven und einem Schuldner Nutzen; sie werden sich ihre Bedrängnis vom Hals schaffen; übel dagegen ist es für einen, der Kinder hat oder Kinder zeugen will. Der erstere wird seine Kinder durch den Tod verlieren, der letztere kinderlos bleiben; denn das Geschlechtsglied gleicht den Kindern, der Mund aber einem Grab; denn was der Mund aufnimmt, das verschlingt er und bewahrt es nicht. Ferner hat man nach diesem Traumgesicht den Verlust der Gattin oder Geliebten zu beklagen; denn wer sich selbst die Liebesfreuden verschaffen kann, bedarf nicht einer Frau. Allen anderen prophezeit es drückende Not oder Krankheit; entweder werden sie aus Nahrungssorgen an das Notwendige herangehen, das heißt, das verkaufen, was sie gar nicht hergeben wollen, oder infolge der Krankheit körperlich so schrumpfen, daß sie den Mund an das Glied heranführen können, weil sie so mager geworden sind. Wenn eine Frau eine andere gebraucht, wird sie ihre Geheimnisse der Beischläferin mitteilen. Kennt sie aber diese nicht, wird sie nutzlose Handlungen in Angriff nehmen. Wird eine Frau von einer anderen in Anspruch genommen, wird sie sich von ihrem Ehemann trennen oder verwitwen; nichtsdestoweniger wird sie die Geheimnisse der Beischläferin kennenlernen.

Festgehalten werden (III 60)

Von jemandem gewaltsam festgehalten und bewacht zu werden zeigt Geschäftsverwicklungen, Hindernisse und Aufschübe in den Terminen an und in Krankheiten Verschlimmerung derselben, Rettung aber denjenigen, die in äußerster Gefahr sind. Denn wir nennen das Leben ein Behüten, ein Beobachten und ein Beharren des Seienden, das Gegenteil davon aber Auflösung und Vergehen, das heißt Tod. Betritt man freiwillig einen Kerker oder ein Gewahrsam oder wird man gewaltsam von Leuten hineingeworfen, so prophezeit das schwere Krankheit oder große Betrübnis.

Feuer (II 9)

Ein strahlendes, reines und kleines Feuer am Himmel zu schauen bedeutet eine Drohung von seiten Mächtiger, ein großes, unermeßliches aber prophezeit das Herannahen von Feinden, Unfruchtbarkeit und Hungersnot. Wo sich das Feuer zeigt oder aus welcher Richtung es kommt, ob von Norden oder Süden, von Westen oder Osten, von dorther werden die Feinde heranrücken oder in jenen Gebieten wird Unfruchtbarkeit herrschen. Am allerschlimmsten ist es, wenn man Feuer auf die Erde niederstürzen sieht. Dasselbe bedeuten brennende Fackeln am Himmel. Alle diese Erscheinungen beschwören über das Haupt des Träumenden Gefahren herauf. Denn wie der Himmel das Weltall überragt, so der Kopf den ganzen Körper. (...)

Schaut man das im Alltag verwendete Feuer mit kleiner und reiner Flamme brennen, so ist es (...) von Segen, lodert es aber gewaltig und ungezügelt, zeigt es Unheil an. Am besten ist es, das Herdfeuer leuchtend und rein zu sehen. Es bedeutet großen Wohlstand; denn wo keine Mahlzeiten zubereitet werden, kann man kein Feuer auf dem Herd sehen. Erlischt es, droht bittere Armut, und ist jemand im Haus krank, kündigt es dem Betreffenden den Tod an. Günstig ist es, besonders für junge Leute, zu träumen, nachts brennende Fackeln zu tragen; es bedeutet für gewöhnlich angenehme Liebesabenteuer und erfolgreiche Unternehmungen, weil man das, was einem vor den Füßen ist, sehen kann. Dagegen ist es für Leute, die im Dunkel bleiben wollen, von Übel, einen anderen mit einer Fackel zu sehen. Eine im Haus hell brennende Lampe bringt Glück; es verheißt jedermann Zuwachs an Sachvermögen und Wohlstand, Unverheirateten die Ehe und Kranken Gesundheit; eine dunkle und trübe bezeichnet Niedergeschlagenheit und rafft Kranke in Kürze hinweg.

Fisch (I 70)

Auch Fische zu essen ist günstig, besonders gebratene, aber genauso alle anderen, die sonstwie zubereitet sind, die kleinen ausgenommen; diese haben mehr Gräten als Fleisch und bedeuten deswegen in keinem Fall materiellen Gewinn, sondern Feindschaft mit den engsten Verwandten und leere Hoffnungen.

Fische (II 14)

Der Fang von kleinen Fischen zeigt Ärger und keineswegs Gewinn an, wie ich bereits im ersten Buch im Kapitel über die Nahrung ausgeführt habe; dazu zähle ich die Sardinen, Anchovis, Sardellen, Sprotten und die Aphye.

Sodann bedeuten Fische nach ihrem äußeren Erscheinungsbild etwas Verschiedenes; im einzelnen verhält es sich damit folgendermaßen: Fische von gefleckter Färbung bedeuten Kranken Vergiftungen, Gesunden Betrügereien und Anschläge, z. B. der Lippfisch, die Phykis, der Seebarsch, der Iulfisch, der Stromateus und ähnliche (...)

Fische, die sich häuten, sind Kranken, Eingekerkerten, Armen und allen, die sich in einer Drangsal befinden, von guter Vorbedeutung; diese werden sich die Übel, von denen sie geplagt sind, vom Hals schaffen. Es häuten sich aber von den Fischen die weichschaligen, z. B. die Garnele, die Languste, die Krabbe, der Hummer, der Taschenkrebs, die sogenannte Vettel und andere dieser Art. Diese prophezeien häufig auch Schläge, weil sie sich selbst schlagen, und Reisen, weil sie Amphibien sind.

Fleisch (I 70)

Die Erfahrung lehrt, daß das Verzehren und Zubereiten von Fleisch, abgesehen von ein paar Einschränkungen, von guter Vorbedeutung ist. Schaffleisch freilich ist für alle ein unheilvolles Zeichen und kündigt Trauer in der eigenen Familie an (denn Schafe bedeuten nichts anderes als Menschen), ebenso Rindfleisch wegen seiner Zähigkeit; dieses bedeutet außerdem wegen seines niedrigen Kaufpreises geringe Geschäftseinnahmen; Sklaven drohen wegen der Riemen und des Ochsenziemers Folterqualen. Ziegenfleisch zeigt allgemein Leuten, die sich auf See in einem Sturm befinden, Rettung an, allen übrigen schlechte Geschäfte; den ersteren wendet es die Gefahren ab, weil man der Sturmflut gleichnamige Tiere opfert, den letzteren bringt es wegen des knochigen Fleisches nur schmale Einkünfte.

Am günstigsten für jedermann ist Schweinefleisch, und ganz zu Recht. Denn von einem lebenden Schwein hat niemand Nutzen, ist es aber geschlachtet, ist sein Fleisch schmackhafter als das der übrigen Tiere; letztere dagegen haben lebend größeren Wert, als wenn sie geschlachtet sind. Gebratenes Schweinefleisch zu essen ist in jedem Fall ein gutes Vorzeichen; wegen des Feuers werden die materiellen Gewinne sich rascher einstellen. Einfach gekocht, zeigt es dieselben Gewinne an, doch mit Verzögerung, während das von Köchen entsprechend zubereitete einen Profit bringt, der mit Ärger oder vorausgehenden Aufwendungen verbunden ist. Das Verzehren rohen Fleisches kündigt in keinem Fall etwas Gutes an; es bedeutet den Verlust eines Teils von unserem Hab und Gut, weil unsere Natur rohes Fleisch nicht verträgt.

Das größte und höchste Glück bringt nach meiner Beobachtung der Genuß von Menschenfleisch, wenn es nur nicht das eines Bekannten oder Familienangehörigen ist; denn wer vom Fleisch eines Angehörigen gegessen hat, wird diesen begraben, und er selbst (wird nur mit geringen Bissen sein Leben fristen). Denn es ist ganz natürlich, daß man nur unter dem Zwang großer Entbehrung, wie es in Kriegszeiten und Hungersnöten der Fall ist, zu solcher Nahrung greift. Am allerschlimmsten aber wäre es, das Fleisch seines eigenen Sohnes zu verzehren; es prophezeit jähen Tod, ausgenommen, man träumt, von denjenigen Körperteilen des Sohnes zu essen, durch welche dieser sich seinen Lebensunterhalt verdient; z. B. wenn er ein Läufer ist, von den Füßen, wenn er ein Handwerker ist, von den Händen, oder wenn er ein Ringkämpfer ist, von den Schultern. In diesem Fall beschert das Traumerlebnis dem Sohn Reichtum, dem Vater Nutzen von seinem Sohn. Vorteilhaft ist es, das Fleisch aller anderen Menschen zu essen; denn irgendwie leben die einen von der Substanz der anderen, wenn sie sich wechselseitig nützen. Immer ist es besser, das Fleisch von Männern als das von Frauen zu essen, desgleichen das von Kindern als das von alten Leuten.

Geflügel oder Gänsefleisch ist jedermann zuträglich; Geflügel bringt Nutzen von Frauen oder von Rechtshändeln, Gänsefleisch von Prahlern. Etwas Gutes bedeutet es auch, Wildbret jeder Art zu essen; es verspricht großen materiellen Gewinn auf Kosten des Vermögens seiner Feinde.

Fliegen (II 68)

Mit Vögeln fliegen bedeutet, man werde sich unter Menschen fremder Zunge und unter Ausländern bewegen. Für Übeltäter ist es ein schlimmes Zeichen; denn solche haben mit Strafe, häufig mit Kreuzigung zu rechnen. Fliegt man weder allzu entfernt vom Erdboden noch allzu nahe, sondern so, daß man gut wahrnehmen kann, was auf der Erde vor sich geht, kündigt es eine Reise und Ortsveränderung an. Es kann nun der Träumende aus den Dingen, die er auf der Erde schaut, erschließen, was ihm alles auf der Reise widerfahren wird. So verheißen z. B. Ebenen, Kornfelder, Städte, Dörfer, Gehöfte und alles von Menschenhand Geschaffene, ferner schöne Flüsse, Seen, ein stilles Meer, Häfen, bei günstigem Wind dahinsegelnde Schiffe, all das im Traum geschaut, eine glückliche Reise. Dagegen kündigen Schluchten, Bergklüfte, Täler, Felsen, wilde Tiere, reißende Ströme, Berge und schroffe Abhänge lauter Widerwärtigkeiten auf der Reise an.

Immer ist es ein gutes Zeichen, wenn man nach einem Flug wieder zur Erde gelangt und so erwacht, am allerbesten aber ist es, wenn man nach Belieben fliegt und nach Belieben damit aufhört; es sagt große Leichtigkeit und glatte Abwicklung in den Geschäften voraus. Wird man beim Fliegen von einem wilden Tier, einem Menschen oder einem Dämon verfolgt, so ist das ein übles Zeichen; es beschwört große Schrecknisse und Gefahren herauf; denn im Traum war die Furcht so mächtig, daß man glaubte, die Erde biete nicht genug Schutz für ein Entkommen, und man deswegen den Himmel zu erreichen suchte.

Fluß (II 27)

Flüsse, die reines, klar durchsichtiges Wasser haben und ruhig dahinströmen, bringen Sklaven, Prozessierenden und Leuten, die auf Reisen gehen wollen, Glück; es gleichen nämlich die Flüsse Herren und Richtern, weil sie ihren Willen ohne Rechenschaft schuldig zu sein und nach freiem Ermessen durchsetzen, ferner Reisen und Bewegungen, weil ihr Wasser nicht stillsteht, sondern weiterfließt. Ist das Wasser aber schlammgetrübt und strömt es reißend dahin, bedeuten sie eine Drohung von seiten der Herren und Richter und verhindern jede Reise. Schwemmen sie irgendein Hab und Gut des Träumenden fort und entführen sie es, fügen sie ihm ganz empfindlichen Schaden zu. Noch größeren Schaden und obendrein Gefahr bedeuten sie, wenn sie den Träumenden selbst fortschwemmen und besonders, wenn sie ihn ins Meer auswerfen.

Freudenfest (III 61)

Nachtfeiern, nächtliche Festlichkeiten und Freudenfeste, bei denen man die ganze Nacht wach bleibt, sind im Hinblick auf Hochzeiten und Gemeinschaften von guter Vorbedeutung und verheißen Armen Wohlstand und Zuwachs an Vermögen. Ebenso befreien sie erfahrungsgemäß Betrübte und Verängstigte von Angst und Kummer. Denn man feiert gewöhnlich nur dann die ganze Nacht hindurch, wenn man in heiterer Stimmung ist. Ehebrecher und Ehebrecherinnen haben Entdeckung, doch keine Strafe zu gewärtigen, weil das lose Treiben bei diesen Festen zwar den Teilnehmern bekannt ist, doch gewissermaßen, selbst wenn es überschäumt, stillschweigend geduldet wird. Leuten, die in Wohlstand und glänzenden Verhältnissen leben, beschwören sie Aufregungen und üble Nachreden herauf, die aber zu guter Letzt ohne schlimme Folgen sein werden.

Frisur (I 18 f.)

Langes, schönes Haar tragen und damit glänzen ist besonders für eine Frau glückbringend. Denn Frauen pflegen der Schönheit wegen bisweilen auch falsches Haar zu tragen. Von guter Vorbedeutung ist es ferner für einen Philosophen, einen Priester, einen Weissager, einen Herrscher, einen hohen Beamten und für Theaterleute.

Denn die einen tragen nach Sitte und Brauch wallendes Haar, bei den anderen bringt es ihr Beruf mit sich. Glück bringt es auch allen anderen Menschen, nur in geringerem Maß. Denn an und für sich bedeutet es Reichtum, aber keinen angenehmen, sondern einen beschwerlichen, weil die Pflege langen Haars viel Mühe kostet.

Langes, aber ungepflegtes Haar, das nicht den Eindruck einer sauberen Frisur, sondern eines struppigen Haarschopfes macht, kündigt allen Trauer und Leid an. Denn «das Haar pflegen» heißt *komein,* jenes aber, das man im

Trauerfällen wirr wachsen läßt, nennt man *thrix* (Haarschopf).

Fuchs (II 12)

Der Fuchs bedeutet dasselbe wie der Wolf, mit dem Unterschied, daß er nicht offen angreifende Feinde bezeichnet, sondern solche, die einem heimlich zu Leibe rücken; meistenteils bezeichnet er Frauen, die Arges im Schilde führen.

Geburt (I 13)

Träumt jemand, er werde von einer Frau geboren, so ist folgende Deutung angezeigt: Einem Armen bringt es Glück; er wird gleich den Säuglingen jemanden bekommen, der ihn ernährt und bemuttert, ausgenommen, der Betreffende ist ein Handwerker; einem solchen kündigt es Arbeitslosigkeit an; denn die Kleinen arbeiten nicht und ihre Hände sind eingewickelt. Einem Reichen bedeutet es, daß er nicht Herr im Haus ist, sondern von Leuten bevormundet wird, die ihm zuwider sind; denn Säuglinge werden von anderen, die nicht nach ihrem Willen sind, bevormundet. Einem Mann, dessen Ehefrau nicht schwanger ist, bedeutet es, er werde sie verlieren; denn Säuglinge pflegen mit Frauen keinen Geschlechtsverkehr. Wessen Ehefrau aber guter Hoffnung ist, dem kündet es die Geburt eines Sohnes an, der ihm in allem aufs Haar gleichen wird; auf diese Weise wird es ihm vorkommen, als werde er selbst noch einmal geboren. Einem Sklaven bedeutet es die Liebe seines Herrn und, im Fall einer Verfehlung, Verzeihung, aber noch nicht die Freilassung; denn Säuglinge verfügen nicht über sich selbst, auch wenn sie freigeboren sind.

Athleten bringt es Unglück; Säuglinge können nämlich weder gehen noch laufen, noch viel weniger jemanden zu Boden strecken, wo sie nicht einmal einen Fuß vor den anderen setzen können. Demjenigen, der in der Fremde lebt, verheißt es die Rückkehr in die Heimat, so daß er, wie ein Neugeborenes, an den Ursprung zurückkehrt oder daß er wiederum die Mutter Erde, d. h. den Heimatboden, betritt; denn die Mutter Erde ist allen ohne Unterschied Heimat. Einem Kranken zeigt es den Tod an, weil Verstorbene ebenso wie Säuglinge in zerrissene Tücher eingewickelt und auf die Erde gelegt werden, und wie der Anfang zum Ende in Beziehung steht, so das Ende zum Anfang.
Denjenigen, der einen Fluchtversuch unternimmt, läßt dieses Traumgesicht nicht entkommen und einen, der auf Reisen gehen will, nicht die Heimat verlassen; denn die Kleinen können nicht dem aus dem Weg gehen, was vor ihren Füßen ist, stolpern sie doch jedes Mal. Bei Prozessen ist das Traumgesicht für den Kläger von ganz schlimmer Vorbedeutung; er wird die Richter wegen seiner stammelnden Zunge nicht überzeugen, dagegen kann ein gerichtlich Angeklagter und besonders einer, der einen Schuldspruch befürchtet, nach diesem Traumgesicht unbesorgt sein; denn kleinen Kindern verzeiht man, wenn sie eine Dummheit begangen haben.

Gehängt werden (II 50)

Gehängt werden und sich selbst erhängen zeigt Drangsale und Beklemmungen an, weil Erhängte solche Qualen erdulden, ferner das Verlassen der Heimat oder des Ortes, wo man sich befand, als man das Traumgesicht hatte; denn der Erhängte hat keinen Boden mehr unter den Füßen noch einen festen Sitz.

Geld (II 58)

Es behaupten einige, daß Geld und Münzen insgesamt Unglück bedeuten; nach meiner Beobachtung verursachen kleine, kupferne Münzen Mißstimmungen und kränkende Worte, Silbermünzen dagegen bezeichnen Absprachen bei Verträgen über wichtige Angelegenheiten, Goldmünzen über noch wichtigere. Immer ist es besser, wenig Gut und Geld als viel zu besitzen, denn großer Reichtum bedeutet Sorgen und Kummer, weil er ebenso wie ein Schatz schwer zu verwalten ist.

Geschlechtsverkehr (I 78)

Das Kapitel über den Geschlechtsverkehr gliedert man am besten in der Weise, daß man zuerst denjenigen bespricht, der im Einklang mit Natur, Gesetz und Sitte steht, dann den gesetzwidrigen und schließlich den widernatürlichen. Hinsichtlich des nach dem Gesetz erlaubten Geschlechtsverkehrs gilt folgendes: Seiner eigenen Frau beizuwohnen, wenn sie einwilligt, dazu Lust hat und sich gegen den Verkehr nicht sträubt, ist für alle ohne Ausnahme gut; denn die Gattin bedeutet das Handwerk des Träumenden oder sein Geschäft, aus dem er Lust und Freude schöpft, dem er wie seiner Frau vorsteht und das er leitet. Das Traumgesicht bezeichnet also den materiellen Nutzen, den man aus seinen Tätigkeiten zieht; denn ebenso wie der Liebesgenuß bereitet auch materieller Gewinn den Menschen Freude. Sträubt sich aber die Gattin oder ist sie nicht zu Willen, bedeutet es das Gegenteil. Dasselbe gilt von der Geliebten.

Der Verkehr mit Hetären in Bordellen bedeutet einerseits einen kleinen Skandal und geringfügige Ausgaben;

denn Männer, die sich mit diesen Personen einlassen, schämen sich und zahlen obendrein. Andererseits sind Hetären im Hinblick auf jedes Vorhaben von guter Vorbedeutung, sie werden ja von einigen die «Geschäftstüchtigen» genannt, und sie geben sich ohne Widerstreben preis. Ein gutes Zeichen ist es ferner, wenn man ein Freudenhaus betreten und ungeschoren wieder verlassen kann, denn das Gegenteil zeigt Unheil an. Ich kenne jemand, dem es träumte, er gehe in ein Bordell hinein und finde nicht mehr heraus, und wenige Tage darauf starb er, wobei das Traumerlebnis sich ganz folgerichtig an ihm erfüllte; denn ein Freudenhaus wird ebenso wie ein Friedhof ein gemeiner Ort genannt, und viel menschlicher Samen geht da zugrunde. Es gleicht also ganz natürlich dieser Ort dem Tod. Die Frauenzimmer jedoch haben mit dem Ort nichts gemein; sie selbst bedeuten Glück, nur der Ort nicht. Deshalb ist es günstiger, im Traum herumstreichende Hetären zu sehen. Glückbringend sind auch die, welche vor dem Bordell ihre Reize zur Schau stellen, die etwas verkaufen und den Liebeslohn kassieren, gleichgültig, ob man sie nur sieht oder mit ihnen verkehrt.

Wähnt man, eine unbekannte Frauensperson zu beschlafen, und ist diese wohlgewachsen, anmutig, kostbar und fein gekleidet, mit goldenen Halsketten behängt und bietet sie sich selbst an, so ist das für den Träumenden ein gutes Zeichen und kündigt ihm einen großen Erfolg in seinen Unternehmungen an; ist es aber ein altes, häßliches, mißgestaltetes und in Lumpen gehülltes Weibsbild, das sich übel aufführt und sich nicht hergeben will, so bedeutet es das Gegenteil von dem, was die vorige bedeutet. Unbekannte Frauenspersonen haben nämlich als Abbilder von Unternehmungen zu gelten, die für den Träumenden einen Ausgang nehmen werden. Je nachdem das Frauenzimmer geartet ist und sich gibt, dementsprechend wird die Unternehmung des Träumenden sich abwickeln. Gut ist es ferner, seiner eigenen Sklavin oder seinem eigenen Sklaven beizuwohnen; denn die Sklaven machen das Vermögen des Träumenden aus. Deshalb bedeuten sie ihm ganz natürlich Befriedigung in seinem Vermögen, das größer und ansehnlicher wird. Übel dagegen ist es, von einem Haussklaven gebraucht zu werden, weil man Verachtung und Schaden von ihm zu gewärtigen hat. Dasselbe gilt, wenn einem solches von seinem Bruder widerfährt, gleichgültig, ob er jünger oder älter ist, oder von einem persönlichen Feind.

Träumt man, mit einer gut bekannten und befreundeten Frau zu verkehren, in die man verliebt ist und die man begehrt, so hat das Traumerlebnis infolge der entfachten Leidenschaft keine Bedeutung. Hat der Träumende aber kein Verlangen nach der Frau, beschert es ihm etwas Gutes, falls die Betreffende vermögend ist; denn in jedem Fall wird der Mann von der Frau, die er im Traum erblickte, unmittelbar oder mittelbar einen Nutzen haben. Ganz natürlich ist eine, die sich selbst anbietet, auch mit ihrer Habe freigebig. Häufig bringt dieses Traumgesicht dem Träumenden, weil er in die Geheimnisse der Frau eingedrungen ist, Vorteil; denn solch eine Frauensperson gibt die Möglichkeit, auch das Geheimste zu berühren.

Nichts Gutes bringt es, wegen des Gesetzes, eine gesetzlich Verheiratete zu beschlafen. Dieselben Strafen, die das Gesetz über den beim Ehebruch Ertappten verhängt, zieht auch das Traumgesicht nach sich. Dagegen ist es für eine Frau von Nutzen, von einem Bekannten, sei er wer er sei, in Anspruch genommen zu werden. Einem Mann wiederum bringt es Vorteil, von einem reicheren und älteren gebraucht zu werden; denn von solchen Personen bekommt man gewöhnlich etwas; übel dagegen ist es, wenn einem solches von einem jüngeren oder bettelarmen widerfährt; denn solchen Leuten pflegt man noch etwas dazuzugeben. Dasselbe bedeutet es, wenn der, welcher in Anspruch nimmt, zwar älter, aber ein Bettler ist.

Träumt einer, sein Glied mit den Händen zu erigieren, wird er einen Sklaven oder eine Sklavin gebrauchen, weil die Hände, die dabei betätigt werden, Hilfsdienste leisten. Besitzt er keine Sklaven, wird er Schaden erleiden, wegen der nutzlosen Ausscheidung des Samens. Ich kenne einen Sklaven, dem es träumte, er masturbiere seinen Herrn; er wurde Betreuer und Erzieher von dessen Kindern; denn er hatte das Glied seines Herrn, das dessen Kinder bezeichnet, in die Hand genommen. Ein anderer wiederum ist mir bekannt, der träumte, dasselbe widerfahre ihm von seiten seines Herrn. Er wurde an eine Säule gebunden, erhielt eine Tracht Prügel und wurde auf diese Weise von seinem Herrn gestreckt.

Hinsichtlich des gesetzwidrigen Geschlechtsverkehrs hat man folgendermaßen zu entscheiden: Seinen noch nicht fünfjährigen Sohn zu gebrauchen bedeutet diesem den Tod, wie ich häufig festgestellt habe; diese Auslegung ist ganz folgerichtig, weil das Kind verdorben wird; «Verderben» nennen wir aber den Tod. Ist der Junge älter als fünf Jahre, aber noch nicht zehn, wird er erkranken, während der Träumende sich unbedacht in Geschäfte einlassen und dadurch ruinieren wird. Denn der vor der Reife mißbrauchte Knabe wird infolge seines zarten Alters Schmerzen leiden und dadurch erkranken, der Vater aber sich wegen seiner Unvernunft ruinieren; denn niemand, der gesunden Menschenverstand besitzt, denkt daran, seinen Sohn oder überhaupt einen Knaben dieses Alters zu gebrauchen. Ist der Sohn aber über die Kinderjahre hinaus, wird der Vater, falls er arm ist, ihn in die Schule schicken, den Unterricht sich etwas kosten lassen und sich so für ihn verausgaben. Hat ein Reicher dieses Traumerlebnis, wird er seinem Sohn viel zuwenden und vererben und ihm auf diese Weise von seiner Fülle abgeben. Glück bringt es, wenn der Träumende sich mit seinem schon erwachsenen Sohn, falls dieser in der Fremde lebt, einzulassen glaubt; denn der Traum bedeutet, daß beide zusammenkommen und miteinander verkehren werden, wegen der Bedeutung des Ausdruckes «Verkehr». Übel dagegen ist es, wenn der Sohn daheim ist und mit dem Vater zusammenlebt; Vater und Sohn werden sich zwangsläufig trennen, weil der Geschlechtsverkehr unter Männern meistenteils abwendig erfolgt. Wird man von seinem eigenen Sohn gebraucht, wird man empfindlichen Schaden durch ihn erleiden; freilich wird ihn auch der Sohn zu spüren bekommen. Träumt jemand, sich mit seinem eigenen Vater einzulassen, wird er seine Heimat als Verbannter verlassen oder sich mit seinem Vater überwerfen; entweder wird der Vater selbst sich von ihm abwenden, oder seine Mitbürger, die dasselbe bedeuten wie der Vater.

Sein ganz kleines, noch nicht fünfjähriges Töchterchen ⟨...⟩, ist es aber jünger als zehn, bedeutet es dasselbe wie beim Sohn. Ist das Mädchen heiratsfähig, wird es einen Mann ehelichen, und der Träumende wird es aussteuern und auf diese Weise der Tochter von seiner Fülle mitteilen. Ich kenne jemand, der diesem Traumerlebnis zufolge seine Gattin verlor, wobei das Traumgesicht sich ganz folgerichtig erfüllte. Denn von da ab führte die Tochter ihm den Haushalt und nahm damit die Pflichten von Gattin und Tochter wahr. Wähnt jemand, mit seiner verheirateten Tochter zu verkehren, so wird diese sich von ihrem Mann trennen und zum Vater zurückkehren, so daß sie nunmehr mit ihm zusammenlebt und mit ihm verkehrt. Gut ist es für einen Armen, der eine reiche Tochter hat, wenn er diese beschläft; er wird große Zuwendungen von ihr erhalten und so seine Lust an ihr haben. Häufig machten reiche Väter nach diesem Traumgesicht auch gegen ihren Willen größere Ausgaben für die Aussteuer ihrer Töchter, und kranke Väter starben und ließen ihre Töchter als Erben zurück. Von der Schwester zu sprechen erübrigt sich; sie bedeutet dasselbe wie die Tochter. Günstig ist es für den Träumenden, wenn er seinen Bruder, sei er älter oder jünger, gebraucht; er wird ihn überflügeln und geringschätzig behandeln. Wer sich mit einem Freund einläßt, wird sich mit ihm verfeinden, zuvor aber Schaden durch ihn erleiden.

Geschlechtsverkehr mit der Mutter (I 79)

Was das Kapitel über die Mutter anbetrifft, das verwickelt und umfangreich ist und viele Unterscheidungen zuläßt, so haben viele Traumdeuter es gar nicht berücksichtigt. Es hat damit folgende Bewandtnis: Die Tatsache der Liebesvereinigung für sich allein reicht noch nicht aus, um die Sinndeutung aufzuzeigen, vielmehr sind es die verschiedenen Arten der Vereinigung und Körperstellungen, die verschiedene Ausgänge bewirken.

Zuerst sei von dem Verkehr die Rede, der Körper an Körper und mit der lebenden Mutter geübt wird, weil die lebende nicht dasselbe wie die tote bedeutet. Wenn einer träumt, er beschlafe seine Mutter Körper an Körper oder, wie andere es ausdrücken, auf natürliche Weise, und zwar seine lebende, so wird er sich mit dem Vater, falls dieser gesund ist, verfeinden, wegen der Eifersucht, die etwas Allzumenschliches ist. Ist der Vater aber krank, wird er sterben; denn der Träumende wird als Gebieter und Schützer der Mutter Sohn und Gatte zugleich sein. Von guter Vorbedeutung ist das Traumerlebnis für jeden Handwerker und Arbeiter; denn das Handwerk nennt man gewöhnlich Mutter, und was könnte die Vereinigung mit ihr anderes bedeuten als rastlose Tätigkeit und gute Einnahme aus dem Handwerk. Glück beschert es ferner jedem Demagogen und Politiker; denn die Mutter bedeutet das Vaterland. Wie nun der Mann beim Verkehr nach Aphroditens Gesetz ganz und gar Herr über den Körper der Beischläferin ist, wenn diese ihm zu Willen ist und sich gerne hingibt, so wird der Träumende alle Machtbefugnisse im Staat erringen. Und der, welcher seiner Mutter feind war, wird wieder Liebe für sie empfinden, wegen der körperlichen Vereinigung; denn diese wird Liebe genannt. Häufig führt dieses Traumgesicht die bisher Getrennten zu enger Lebensgemeinschaft zusammen. Deswegen führt es auch den Sohn, der in der Fremde lebt, in die Heimat zurück, falls die Mutter sich dort befindet. Wenn nicht, wird der Träumende dorthin reisen, wo die Mutter lebt. Und wenn jemand, der arm ist und bitterste Not leidet, eine reiche Mutter hat, wird er von ihr alle Wünsche erfüllt bekommen oder sie bald nach ihrem Tod beerben, und auf diese Weise wird er an der Mutter seine Lust haben. Viele nahmen auch ihre Mütter zu sich und sorgten für sie; so hatten diese Lust an ihren Söhnen. Ein Kranker wird nach diesem Traumgesicht genesen und wieder im Einklang mit der Natur sein, denn die Natur ist die gemeinsame Mutter aller Dinge, und wir sagen, daß die Gesunden, nicht die Kranken nach der Regel der Natur sind. Diesen Fall hat auch

Apollodoros aus Telmessos, ein Sachkenner von Rang und Namen, vorgebracht.

Für die Kranken ist die Deutung nicht die gleiche, falls die Mutter tot ist, weil dann der Träumende sehr bald sterben wird; denn der Leib der Verstorbenen löst sich in den Stoff auf, aus dem er aufgebaut und gebildet wurde, und weil er im wesentlichen aus Erde besteht, verwandelt er sich wieder in die ihm gemäße Materie. Auch nennen wir die Erde an sich schon Mutter. Was anderes bedeutet also für einen Kranken die Vereinigung mit der toten Mutter als das Einswerden mit der Mutter Erde? Günstig dagegen ist dieses Traumerlebnis für einen, der einen Prozeß um Grund und Boden führt, der Land kaufen oder Land bestellen will. Es behaupten jedoch einige, daß das Traumgesicht einzig einem Bauern Unheil anzeige; er werde den Samen gewissermaßen auf tote Erde ausstreuen, d.h. diese wird keine Frucht bringen. Mir scheint diese Auffassung jedoch nicht der Wahrheit zu entsprechen, es sei denn, man glaube, Reue oder Unlust über den Verkehr zu empfinden. Ferner wird einer, der in der Fremde ist, in die Heimat zurückkehren, und wer auf Herausgabe des mütterlichen Erbes klagt, wird nach diesem Traumerlebnis den Prozeß gewinnen, wobei ihm nicht der Verkehr mit der Mutter, sondern deren Vermögen Befriedigung gewährt. Hat jemand diesen Traum in seiner Heimat, wird er diese verlassen; denn nach einem solchen Fehltritt kann man unmöglich noch am mütterlichen Herd bleiben. Empfindet er Unbehagen oder Reue über den Verkehr, wird er aus dem Vaterland verbannt werden, wenn nicht, freiwillig auswandern.

Unheilvoll ist es, wenn man die Mutter in der Abwendung gebraucht; entweder wird sie selbst dem Träumenden den Rücken kehren, oder seine Landsleute, oder der Betreffende wird sein Handwerk oder sonst ein Unternehmen aufgeben. Ein übles Vorzeichen ist es, wenn man stehend mit der Mutter verkehrt; denn nur Leute, die weder Bett noch Matratze besitzen, sind auf diese Stellung angewiesen. Deshalb bedeutet es Drangsale und Bedrängnisse. Unglück zeigt ferner jener Verkehr an, bei dem die Mutter sich auf die Knie niedergelassen hat. Denn wegen der unbequemen Stellung, in der sie sich befindet, prophezeit es bittere Armut. Es behaupten einige, es prophezeie dem Träumenden den Tod, wenn die Mutter bei dem Akt auf dem Betreffenden liege und herumreite; es gleicht nämlich die Mutter der Erde, weil diese die Nährerin und Schöpferin aller Dinge ist. Die Erde aber deckt die Toten, nicht die Lebenden. Nach meiner Beobachtung starben Kranke nach diesem Traumerlebnis in jedem Fall, Gesunde hingegen verbrachten ihr weiteres Leben ganz unbeschwert und wunschgemäß; und diese Deutung ist ganz folgerichtig; denn bei den übrigen Körperstellungen pflegen sich meist Ermattung und Atemnot bei dem männlichen Partner einzustellen, während für den weiblichen der Akt weniger anstrengend ist; in dieser Stellung dagegen empfindet der Mann ganz im Gegenteil ein Lustgefühl ohne Anstrengung. Das Traumgesicht gibt auch die Möglichkeit, vor den Mitmenschen unentdeckt zu bleiben und nicht ins Licht der Öffentlichkeit zu kommen, weil beim Verkehr (in dieser Form) die Atemnot weithin wegfällt.

Keinen Nutzen bringt es, beim Verkehr mit der Mutter mehrere verschiedene Stellungen zu gebrauchen; denn mit der Mutter soll man kein frevelhaftes Spiel treiben. Daß die Menschen alle übrigen Stellungen aus Übermut, Zügellosigkeit und Unbeherrschtheit ersonnen haben, die Natur sie aber nur eine einzige, nämlich Leib an Leib lehrte, kann man an dem Beispiel der anderen Lebewesen erkennen; alle Arten begnügen sich mit der ihnen zukommenden und weichen nicht von ihr ab, weil sie der natürlichen Ordnung entspricht.

Geschlechtsverkehr mit Toten und Tieren (I 80)

Ganz unheilvoll ist es, sich mit einem Toten, Mann oder Frau, zu vereinigen, ausgenommen, es handele sich um die Mutter, die Schwester, die Ehefrau oder Geliebte, und von einem Toten gebraucht zu werden; denn die Toten werden zu Erde, sie zu gebrauchen ist also nichts anderes, als in die Erde zu stoßen, und von ihnen gebraucht zu werden, Erde in den Körper aufzunehmen. Beides bedeutet den Tod, ausgenommen für Leute, die in der Fremde leben und nicht dort, wo die Toten begraben sind; diesen prophezeit das Traumerlebnis die Heimkehr in das betreffende Land. Und diejenigen, die ihre Heimat verlassen wollen, hindert es daran. Träumt jemand, Sodomie mit einem Tier zu betreiben, wird er, falls er selbst sich begattet, von einer Person Vorteile haben, deren Symbol das betreffende Tier ist. Einzelheiten werde ich in dem Abschnitt über die Jagd und die Tiere geben. Wird er aber begattet, wird der Betreffende Zwang und Gewalt zu ertragen haben. Viele starben nach diesem Gesicht. Soviel sei über den Geschlechtsverkehr gesagt.

Geschlechtsumwandlung (I 50)

Mit der Qualität der Verwandlung verhält es sich folgendermaßen: Verwandelt sich ein Mann in eine Frau, so ist das für einen Armen und einen Sklaven ein gutes Vorzeichen.

Der eine wird wie eine Frau einen Ernährer finden, der andere bei seiner Sklavenarbeit weniger schuften müssen; denn die Arbeiten der Frau sind weniger anstrengend. Für einen Reichen hingegen ist es von Übel, besonders wenn er im politischen Leben steht; denn für gewöhnlich walten und schalten die Frauen im Haus. Deswegen wird das Traumgesicht ihn von allen höheren Ämtern ausschließen. Sportlern bedeutet es Krankheit; denn Frauen sind von zarterer Natur als Männer. Verwandelt sich eine Frau in einen Mann, so wird sie, falls sie unverheiratet ist, heiraten, ist sie kinderlos, einen Knaben gebären, und auf diese Weise wechselt sie in die männliche Natur über. Hat sie einen Mann beziehungsweise einen Sohn, wird sie als Witwe ihr Leben beschließen; denn der Mann bedarf nicht des Mannes, sondern der Frau. Einer Sklavin legt dieses Traumerlebnis ein noch schwereres Sklavenjoch auf, einer Hetäre dagegen bringt es Glück. Die eine wird noch länger wie ein Mann schuften müssen, die andere ständig in Anspruch genommen werden.

Hafen (II 23)

Häfen und alle Ankerplätze bedeuten stets Freunde und Wohltäter, Vorgebirge und Buchten dagegen Menschen, die wir notgedrungen, aber nicht aus freien Stücken schätzen und die auch ihrerseits uns nicht aus Wohlwollen Gutes erweisen. Anker weisen auf das Notwendige und Sichere in den Geschäften hin, verhindern aber eine Reise; denn sie werden immer ausgeworfen, um den Schiffen festen Halt zu geben.

Herz und andere Organe (I 44)

Das Herz bedeutet die Ehefrau des Träumenden beziehungsweise den Ehemann, wenn eine Frau träumt, weil es der Mittelpunkt unseres Lebens ist; ferner den Mut und den Lebensatem des Träumenden; beide schließt es nämlich ein. Dasselbe bezeichnet die Lunge; die Leber aber das Kind, die Lebenskraft und die Sorgen; die Galle den Zorn, das Geld und die Ehefrau; die Milz die Vergnügungen, das Lachen und den Hausrat. Der Bauch und die Eingeweide bedeuten zuerst die Kinder, dann die Gläubiger, weil sie mit großem Ungestüm Nahrung verlangen; die Nieren die Brüder, nahe Verwandte, und (außerdem noch Namensvettern und) die Kinder. Verharren diese Organe in ihrer normalen Lage, bleibt das durch sie Bezeichnete unverändert, verdoppeln sie sich, alle insgesamt oder jedes einzelne für sich, wird das Angedeutete zweifach sich erfüllen.

Himmel (II 8)

Ein reiner, heller Himmel ist allgemein ein Zeichen von guter Vorbedeutung, besonders für Leute, die auf der Suche nach etwas Verlorenem sind, und für solche, die auf Reisen gehen wollen; denn bei reinem Himmel ist alles deutlich zu erkennen. Ein dunkler, trüber oder bewölkter Himmel zeigt Stillstand der Geschäfte und Kummer an. Verwandelt er sich in irgendeinen Stoff, bringt er nur denen, die mit demselben in ihrem Beruf umgehen, Glück, allen anderen dagegen nach Ausweis der Erfahrung Unglück. Ein niedrig hängender Himmel begünstigt nur Weissager und Astronomen, die übrigen Menschen versetzt er in niedrige Lebensverhältnisse.

Ein Regen ohne Sturm und heftigen Wind ist allgemein gut, ausgenommen für jene, die sich zu einer Reise rüsten, und für Leute, die ihre Arbeiten unter freiem Himmel verrichten; diesen ist er hinderlich. Sprühregen und Rauhreif sind Bauern höchst zuträglich, während sie den übrigen Menschen mäßige Geschäfte ankündigen. Platzregen, Wirbelwind und Sturm sind Vorboten von Gefahren und Schäden; einzig Sklaven, Armen und Leuten, die sich in einer Klemme befinden, prophezeien sie Befreiung von den sie bedrängenden Widerwärtigkeiten; denn auf gewaltige Stürme folgt gutes Wetter. Schaut man Schnee und Eis zu der entsprechenden Jahreszeit, so ist das ohne Vorbedeutung; denn während der Körper schläft, erinnert sich die Seele nur an die eisige Kälte vom Tag. Zu einer anderen Jahreszeit geschaut, sind sie nur Bauern von Nutzen, den übrigen Menschen zeigen sie an, daß ihre Vorhaben und geplanten Unternehmungen ziemlich frostig verlaufen werden, und Reisen verhindern sie. Hagel prophezeit Aufregungen und Niedergeschlagenheit und bringt wegen seiner Farbe Verborgenes zutage. Ein Donner ohne Blitz bedeutet, weil er unerwartet kommt, Anschläge und Überfälle, ein Blitz ohne Donner eitle Furcht; denn nach dem Blitz erwartet man einen Donnerschlag, der wegen des Getöses nichts anderes als eine Drohung ist. Wenn er nicht zu hören ist, ruft er Furcht hervor, die unbegründet ist.

Hochzeit (II 65)

Da die Hochzeit dem Tod gleicht und durch den Tod angedeutet wird, hielt ich es für angezeigt, sie an dieser Stelle zu behandeln. Eine Jungfrau heiraten bedeutet einem Kranken den Tod; denn dieselben Bräuche, die bei einer Hochzeit geübt werden, kommen auch bei einer Bestattung vor. Von guter Vorbedeutung ist es hingegen für einen, der in ein neues Unternehmen einzusteigen beabsichtigt – es zeigt das Gelingen seines Vorhabens an – und für einen Mann, der von irgendeiner Seite einen Profit erhofft; in jedem Fall übernimmt ja derjenige, der heiratet, ein Vermögen, das ihm die Braut in die Ehe bringt. Allen anderen zeigt es Aufregungen und üble Nachreden an; denn ohne Wirrwarr geht es bei keiner Hochzeit aus. Heiratet einer ein Frauenzimmer, das keine Jungfrau mehr ist, so wird er sich nicht auf neue, sondern auf alte Unternehmungen verlegen, aber dabei nicht schlecht fahren. Dünkt es einen, seine Frau heirate einen anderen, so zeigt es einen Wechsel im Beruf oder die Scheidung an. Träumt eine verheiratete Frau, sie eheliche einen anderen Mann, so wird sie, wie die Alten sagen, ihren Mann zu Grabe tragen oder sich sonstwie von ihm trennen.

Hüften und Unterleib (I 43)

Die Hüften, den Unterleib und die ganze Körperpartie bis zu den Leisten hat man als Symbol der Körperkraft und des Vermögens aufzufassen. Befällt diese Körperteile irgendein Leiden, prophezeit es folglich einerseits dem Körper Krankheit, andererseits kümmerliche Lebensverhältnisse. Der Nabel bezeichnet die Eltern, wenn diese noch am Leben sind, wenn nicht, das Vaterland, dem man, wie dem Nabel, sein Werden und Wachsen verdankt. Stößt dem Nabel etwas Widriges zu, bedeutet es den Verlust der Eltern oder des Vaterlandes, und für den, welcher in der Fremde weilt, gibt es keine Rückkehr in die Heimat mehr.

Hund (II 11)

Fremde Hunde, die einen anwedeln, bedeuten Anschläge und Hinterhältigkeiten von nichtswürdigen Kerlen oder Weibern und, wenn sie beißen oder bellen, Gewalt- und Übeltaten; des näheren prophezeien die weißen Hunde offene, die schwarzen heimliche, die rötlichen nicht ganz offene, die gefleckten ziemlich schlimme Gewaltakte. Sie ähneln nämlich ganz und gar nicht adligen oder freien, sondern gewalttätigen und unverschämten Menschen.

Juristen (II 29)

Gerichtshäuser, Richter, Rechtsanwälte und Rechtslehrer prophezeien jedermann Aufregungen, Ärger und ungelegene Ausgaben; sie bringen Verborgenes zutage und kündigen Kranken kritische Tage an, in deren Verlauf dieselben, falls sie im Traum den Prozeß gewinnen, eine Wendung zum Besseren erfahren, falls sie ihn verlieren, sterben werden.

Sich kämmen (II 6)

Sich zu kämmen bringt Mann und Frau Nutzen; denn der Kamm ist gleichbedeutend mit der alle Widerwärtigkeiten überwindenden und heilenden Zeit. Das Haarflechten ist nur Frauen und jenen Männern von Nutzen, die es auch sonst zu tun pflegen, allen anderen Menschen zeigt es Verwicklungen in ihren finanziellen Verpflichtungen, hohe Darlehensschulden, bisweilen auch Gefängnis an.

Kette (III 35)

Eine Kette bedeutet wegen des Namens und wegen der Eigenschaft, zu umschließen, die Ehefrau; ferner Geschäftsverwicklungen, die weder ermutigend noch angenehm sind. Die Kette ist nämlich aus vielen Gliedern geschlungen und läßt die Gefesselten mutlos werden. Auch zeigt sie Verzögerung und Behinderung in den Unternehmungen an.

Kleidung (II 3)

Das Tragen von weichen und kostbaren Kleidern bringt Reichen wie auch Armen Glück; die einen werden weiter in Saus und Braus leben, die anderen bessere Tage sehen. Sklaven hingegen und Leuten, die in bitterster Not leben, zeigt es Krankheit an. Zu kurze und unschickliche Kleider bedeuten Geldbußen und Stillstand der Geschäfte.

Kosmetik (I 75)

Kosmetik zu betreiben ist für alle Frauen, Ehebrecherinnen ausgenommen, vorteilhaft, während es Männern, mit Ausnahme jener, die es gewohnheitsmäßig tun, Schande bringen wird.

Kot (II 26)

Schaut man Menschenkot in großer Menge, so zeigt es viele unterschiedliche Übel an. Es verhält sich damit folgendermaßen: Sieht man ihn auf der Straße, auf dem Markt oder auf einem öffentlichen Platz, macht er den Aufenthalt an den betreffenden Orten unmöglich, häufig hindert er, in der Öffentlichkeit zu erscheinen, ja in einzelnen Fällen mußten Leute, die das Traumgesicht nicht beachteten, mit ihrem Kopf große Übel büßen. Ein ganz böses Vorzeichen ist es, wenn man sich mit Menschenkot, der von irgendwo herabrinnt, beschmutzt. (...)

Träumt jemand, er beschmutze sich selbst die Schenkel herab, so wird er sich unsägliche Übel heraufbeschwören und obendrein krank werden. Ein böses Vorzeichen ist es auch, ins Bett zu machen; es prophezeit langes Siechtum, denn nur Leute, die nicht mehr die Kraft haben, aufzustehen, und solche, die sterbenskrank sind, pflegen unter sich zu machen. Oft bedeutet das Traumgesicht wegen der Beschmutzung des Lagers Trennung von der Ehefrau und der Geliebten. Macht man in dem Haus, in dem man wohnt, auf den Boden, wird man nicht länger dort bleiben; denn an verunreinigten Orten verweilt man keinen Augenblick.

Am schlimmsten und gefährlichsten ist es wohl, im Tempel einer Gottheit, auf dem Marktplatz, auf der Straße oder in einem Bad seine Notdurft zu verrichten; dies prophezeit den Zorn der Götter, eine große Taktlosigkeit und eine empfindliche Geldstrafe, ferner bringt es Verborgenes zutage und erweckt häufig Haß gegen den Träumenden. Entleert man sich sitzend auf einem Abort oder einem festen Nachtstuhl und scheidet man viele Exkremente aus, so ist das für alle ein gutes Zeichen; es bedeutet Erleichterung von Sorgen und jeglichen Beschwerden; denn der Körper fühlt sich nach dem Stuhlgang ganz und gar erleichtert. (...)

Ich habe die Erfahrung gemacht, daß die Entleerung am Strand, an Wegen, auf freiem Feld, an einem Fluß und an Seen günstig ist und dasselbe bedeutet wie die auf einem Abort und daß ein solches Traumgesicht ganz folgerichtig in Erfüllung geht. Der Betreffende verursacht nämlich an diesen Orten weiter keinen Schaden, und er selbst kann sich dort, ohne Anstoß zu erregen, erleichtern.

Kränze (I 77)

Mit einem Kranz geschmückt zu sein, der aus Blumen geflochten ist, die im großen und ganzen der Jahreszeit, in der man sich befindet, entsprechen, bringt Segen; unheilvoll dagegen ist es, wenn sie einer anderen Jahreszeit angehören. (...)

Kränze aus Rosen, zur Zeit ihrer Blüte, verheißen jedermann Segen, ausgenommen Kranken und Leuten, die unentdeckt bleiben wollen; denn die einen raffen sie dahin, weil sie schnell verwelken, die anderen verraten sie durch ihren Geruch. Überall dort, wo man auch im Winter Rosen bekommt, deute man sie in jedem Fall als ein gutes Vorzeichen.

Krankheit (III 22)

Krank sein ist nur für Leute von guter Vorbedeutung, die in Fesseln schmachten oder in einer großen Zwangslage sind, weil Krankheit den Körper schlaff macht. Den übrigen Menschen kündigt es große Untätigkeit an: Kranke sind ja zur Untätigkeit verurteilt; ferner Mangel an den lebensnotwendigen Dingen; denn Kranke entbehren, was dem Körper am meisten nottut. Reisen verhindert es; Kranke können sich nämlich nur schwer bewegen. Wünsche läßt es nicht in Erfüllung gehen; denn auch die Ärzte gewähren einem Kranken nicht die Erfüllung seiner Wünsche, wegen des Risikos, das damit verbunden ist (...)

Träumt man, dieselben Leiden wie irgendein Bekannter

auszustehen, z. B. an demselben Fuß, an derselben Hand oder an einem anderen Körperteil, oder überhaupt dieselbe Krankheit oder dieselben Schmerzen zu haben, so wird man sich dieselben Verfehlungen zuschulden kommen lassen wie jener. Es gleichen nämlich die körperlichen Krankheiten und einzelnen Gebrechen den Zügellosigkeiten und unvernünftigen Leidenschaften der Seele, und wer dieselben Leiden hat, begeht ganz natürlich dieselben Verfehlungen.

Krieg und Kriegsdienst (II 31)

Krieg und Kriegshandlungen bedeuten allen Aufregungen und Mißstimmungen, ausgenommen Soldaten und Leuten, die unmittelbar oder mittelbar mit Waffen ihr Geschäft machen; diesen kündigen sie Reichtum an. (...)

Läuse (III 7)

Läuse in geringer Zahl zu haben, sie am Körper oder in den Kleidern zu finden und sie zu töten bringt Glück. Man wird nach diesem Traumgesicht von jedem Kummer und jeder übermächtigen Sorge frei werden. Sind es aber viele und überviele, so ist das ein böses Vorzeichen und prophezeit langwierige Krankheit, Kerkerqualen oder große Not.

Laufen (I 58)

Der Kurzstreckenlauf ist für alle, Kranke ausgenommen, glückbringend, wenn sie zu siegen wähnen; die ersteren werden ans Ziel ihrer Wünsche gelangen (aus diesem Grund werden auch Sklaven nach diesem Traumgesicht freigelassen werden), die letzteren durch den Tod an das

Ziel ihres Lebens. Der Doppellauf, der dasselbe wie der Kurzstreckenlauf bedeutet, pflegt alles nach einem Aufschub, so wie der Langlauf nach vielen Aufschüben, zu vollenden. Insbesondere prophezeit der Langlauf Frauen Hurerei und die Lebensweise einer Hetäre.

Lesen und Schreiben (I 53)

Das Lesen- und Schreibenlernen bedeutet einem, der beides noch nicht kann, etwas Gutes, das jedoch mit Plackerei und Angst verbunden sein wird; denn Schulanfänger sind ängstlich und müssen sich placken, lernen aber zu ihrem Nutzen. Fängt jemand, der schon lesen und schreiben kann, zum zweiten Mal damit an, so muß man das als ein ganz schlimmes Vorzeichen deuten; denn solcher Unterricht ist nur für das Kindesalter gedacht. Deswegen bedeutet es Stillstand der Geschäfte und obendrein Ängste und Qualen. Glück bringt es nur einem, der sich einen Sohn wünscht; nicht er selbst, sondern sein eigen Fleisch und Blut wird das Lesen und Schreiben erlernen.

Lügen (III 4)

Lügen bringt niemandem etwas ein, ausgenommen Bühnenkünstlern, Gauklern und Leuten, bei denen Lügen zum Metier gehört. Weniger schlimm ist es, Fremde zu belügen als seine Angehörigen; denn diesen droht großes Unglück, auch wenn man glaubt, in einer unbedeutenden Sache zu lügen.

Mandeln, Nüsse (I 73)

Mandeln, Nüsse, die sogenannten Haselnüsse und alles, was aufgeknackt wird, bedeutet wegen des Geräusches Aufregungen und, weil sie von Natur bitter sind, Kümmernisse. Ich kenne einen vornehmen Griechen, dem es träumte, er bekomme von jemandem eine Nuß, und als er aus dem Schlaf erwachte, hielt er sie tatsächlich in der Hand. Es ergab sich, daß viel Unheil über ihn <hereinbrach> und er schließlich seine bürgerlichen Rechte verlor.

Meer (II 23)

Immer ist es ein Zeichen von guter Vorbedeutung, das Meer in sanfter Bewegung und in ruhigem Wellenschlag zu schauen, es prophezeit glänzende geschäftliche Erfolge; Windstille dagegen, wegen der Unbeweglichkeit, Stillstand der Geschäfte, ein Sturm Aufregungen und Verluste; denn er verursacht sie.

Mond (II 36)

Selene bedeutet die Gattin und die Mutter des Träumenden; sie wird ja als Nährerin verehrt; dann die Tochter und Schwester; denn sie wird Kore genannt. Ferner bedeutet sie Geld, Wohlstand und das Geschäft (weil man am Ende eines jeden Monats abrechnet). Weiter die Schiffahrt, denn nach ihrer Bahn richten die Steuerleute den Kurs; dann eine Reise, denn sie zieht immer ihre Bahn; ferner die Augen des Träumenden, weil sie gleichfalls Urheberin des Sehens ist und Herrin.

Nase (I 27)

Eine schöne, wohlgeformte Nase haben ist für jedermann ein gutes Vorzeichen; es bedeutet großes Einfühlungsvermögen, Weitblick in den Unternehmungen und Verkehr in den besten gesellschaftlichen Kreisen; denn durch die Nase ziehen die Menschen bessere Luft ein und profitieren dadurch. Keine Nase haben zeigt allen Menschen Mangel an Empfindung, Haß gegen hervorragende Persönlichkeiten und einem Kranken den Tod an. Denn die Totenschädel findet man ohne Nasen. Zwei Nasen haben bedeutet Zwist mit den Verwandten; Zwist, weil alles Zwiefache, das wider die Natur ist, Sinnbild des Zwistes ist; mit den Verwandten, weil die Nase zu uns gehört.

Obst (I 73)

Pfirsiche, Aprikosen, Kirschen und alles ähnliche Obst, Maulbeeren ausgenommen, bezeichnen zur Reifezeit flüchtige Genüsse und Täuschungen, außerhalb der Reifezeit aber vergebliche Anstrengungen. Maulbeeren, d. h. die Früchte, bedeuten dasselbe wie die Granatäpfel, während der Baum auf das Geschlecht des Träumenden hinweist. Steht er in voller Blüte, kündigt er ein bevorstehendes glückliches Ereignis an, wird er samt der Wurzel ausgerissen, bringt er dem Geschlecht des Träumenden Tod und Verderben. Veredelte Birnbäume sind günstig; denn deren Früchte faulen nicht, falls man sie einlagert, und wenn sie gleich gegessen werden, sind sie nicht nur nahrhaft, sondern auch von einem dem Wein ähnlichen Geschmack.

Ohren (I 24)

Mehr als zwei Ohren zu haben ist für den von guter Vorbedeutung, der Menschen bekommen will, die ihm gehorchen werden, z. B. eine Frau, Kinder oder Haussklaven. Einem Reichen bedeutet es einen guten Leumund, wenn die Ohren wohlgestaltet, einen schlechten, wenn sie mißgestaltet und ungleich groß sind. Schlimm ist das Traumgesicht für einen Sklaven und einen Prozessierenden, für den Kläger sowohl wie für den Beklagten. Dem Sklaven bedeutet es, er werde noch lange Zeit gehorchen müssen, dem anderen, es drohe ihm, falls er als Kläger auftritt, eine Gegenklage; ist er aber der Beklagte, so werden abgesehen von den schon bekannten Anklagepunkten noch weitere gegen ihn erhoben werden; es sagt ihm gewissermaßen, er habe noch mehr Ohren nötig. Einem Handwerker bringt es Glück; er wird viele Aufträge von Kunden zu hören bekommen. Der Verlust der natürlich wachsenden Ohren bedeutet in jedem einzelnen Falle das Gegenteil von den oben besprochenen.

Reinigt man sich die Ohren von Schmutz oder Eiter, so hat man gute Nachrichten von irgendwoher zu gewärtigen, schlechte dagegen, wenn man bei den Ohren gezogen wird.

Oleander und Myrten (II 25)

Buchsbäume, Myrten und Oleanderbäume bedeuten Frauenzimmer, die der lockeren Zukunft angehören und liederlich sind, unternehmungslustigen Leuten Enttäuschungen, Kranken jedoch Genesung und Gesundheit. Allen anderen Menschen sind sie Sinnbilder vergeblicher Anstrengungen.

Penis (I 45)

Das männliche Glied gleicht den Eltern, weil es zum Samen in Beziehung steht, den Kindern, weil es deren Ursache ist; der Gattin und der Geliebten, weil es für die Freuden der Liebe geschaffen ist; den Brüdern und allen Blutsverwandten, weil vom Geschlechtsglied das verwandtschaftliche Verhältnis der ganzen Familie abhängt. Sodann bedeutet es Körperstärke und Manneskraft, weil es auch deren Urheber ist; deshalb wird es von einigen «Mannheit» genannt. Ferner bezeichnet es die Rede und die Bildung, weil das Geschlechtsglied, ebenso wie das Wort, das Allerzeugungsfähigste ist. Ich habe einmal in Kyllene ein Kultbild des Hermes gesehen, das auf Grund einer natürlichen Auffassung lediglich als männliches Glied gearbeitet war. Ferner zeigt es Überfluß und Besitz an, weil es sich bald vergrößert, bald wieder zurückgeht und sowohl gewähren als auch ausscheiden kann. Weiterhin bedeutet es geheime Plätze, weil diese auch *medea* genannt werden ebenso wie das Glied; dann gleicht es Armut, Knechtschaft und Fesseln, weil es «das Notwendige» heißt und das Symbol von Not und Zwang ist. Ferner gleicht es der Würde; denn *aidos* bedeutet Scham und Würde.

Daraus folgt: Ist das Glied vorhanden und befindet es sich in der gehörigen Ordnung, so werden auch alle durch dasselbe angedeuteten Dinge und Verhältnisse in ihrer alten Ordnung verharren; es vergrößert sie, wenn es sich vergrößert, es zeigt deren Verlust an, wenn es abgenommen wird. Verdoppelt es sich, wird sich alles verdoppeln, mit Ausnahme der Gattin oder der Geliebten; diese verliert man, denn zwei Geschlechtsglieder kann man nicht auf einmal gebrauchen.

Prügel (II 48)

Prügeln sollte man nur diejenigen, deren Gebieter man ist, ausgenommen die Frau; denn diese treibt Ehebruch, wenn sie geprügelt wird, während die übrigen zum Nutzen desjenigen Schläge beziehen, der sie verabfolgt. Übel ist es, Leute zu prügeln, die nicht unsere Untergebenen sind; es prophezeit, weil es gesetzwidrig ist, Strafe. Keinen Segen bringt es, von Göttern, von Toten oder von Untergebenen geschlagen zu werden, wohl aber von allen anderen. Immer ist es gut, mit Stöcken oder mit Händen Schläge zu bekommen, übel dagegen, wegen der Striemen, mit einem Riemen oder, wegen des Geräusches, mit einem Rohr. Von wem die Geprügelten die Schläge beziehen, von dem erwächst ihnen gewöhnlich ein Nutzen.

Rabe (II 20)

Der Rabe ist wegen seiner Farbe und weil er häufig seine Stimme verändert mit einem Ehebrecher und Dieb gleichzusetzen.

Reiten (I 56)

Ein Rennpferd zu reiten, das dem Zügel und Reiter willig gehorcht, bringt jedermann ohne Unterschied Glück; denn das Pferd hat dieselbe Bedeutung wie die Gattin und die Geliebte, weil es auf seine Schönheit stolz ist und seinen Lenker trägt; ferner gleicht es einem Schiff; denn der Dichter nennt die Schiffe Pferde des Meeres, und wir nennen Poseidon «Hippios»; und wie das Pferd zum Land, so steht das Schiff zum Meer in Beziehung. Sodann ist es einem Lohnherrn vergleichbar und einem Freund, der Unterhalt gewährt, und jedem, der Lasten trägt. Wie nun das Pferd den Träumenden trägt, dementsprechend wird sich ihm gegenüber die Gattin, die Geliebte, der Lohnherr, der Freund und das Schiff verhalten.

Rücken (I 49)

Der Rücken und alle rückwärtigen Körperteile gelten allgemein als Symbol des Alters. Deswegen bezeichnen einige sie zutreffend als den Bereich Plutons. In welchem Zustand sie also dem Träumenden erscheinen, dementsprechend wird es ihm im Alter ergehen.

Schiffahrt (II 23)

Träumt man, auf einem Schiff und auf ruhiger Fahrt zu sein, so ist das für jedermann ein Zeichen von guter Vorbedeutung; gerät man aber in einen Sturm, zeigt es Mißstimmungen und Gefahren an. Ein Schiffbruch, bei dem das Schiff kentert oder an Felsen zerschellt, bringt allen Schaden, ausgenommen Leuten, die von anderen gewaltsam festgehalten werden, und Sklaven; diese befreit es von ihren Bedrängern; das Schiff gleicht nämlich den <Widerwärtigkeiten>, von denen sie geplagt werden.

Schlange (II 13)

Die Schlange bedeutet Krankheit und einen Feind. So wie sie jemanden zurichtet, so werden auch die Krankheit und der Feind den Träumenden zurichten.

Uräusschlangen und Sandvipern bedeuten wegen ihres starken Giftes Geld, und aus demselben Grund reiche Frauen. Nach meinen Erfahrungen bringen sie auch dann Glück, wenn sie beißen, sich nähern oder jemanden umschlingen. Hält die Ehefrau eine Schlange in ihrem Schoß verborgen, und hat sie ihr Vergnügen daran, wird sie zum Ehebruch verführt werden, und zwar meist von einem Feind des Träumenden; empfindet sie aber Furcht oder Ekel dabei, wird sie erkranken. Geht sie schwanger, wird sie die Leibesfrucht verlieren und nicht austragen.

Schlüssel (III 54)

Ein Schlüssel, den man im Traum schaut, bedeutet einem Heiratslustigen, er werde eine treue und haushälterische Frau bekommen, und einem Mann, der eine Sklavin kaufen will, verspricht er eine Dienerin, die es gut mit ihm meinen wird. Eine Reise verhindert er, weil er das Symbol der Verriegelung und der Haft ist. Er dient ja nicht zum Öffnen, sondern zum Verschließen der Tür, denn sonst bräuchte man weder Schlüssel noch Tür.

Schmieden (I 52)

Das Schmieden und das Stehen am Amboß zeigt Aufregungen und Kümmernisse an, einem Heiratslustigen hingegen eine Frau, die einerseits gutmütig ist, wegen der Blasebälge – sie blasen nämlich zusammen –, andererseits streitsüchtig, wegen der Hämmer; denn diese schlagen Lärm.

Schmuck (II 5)

Halsketten, Schmuckketten, Ohrringe, Edelsteine und jeglicher weiblicher Halsschmuck sind für Frauen von guter Vorbedeutung; unverheirateten prophezeien sie die Ehe, kinderlosen Kinder und jenen, die Mann und Kinder haben, Zuwachs an Vermögen und großen Überfluß; denn ebenso wie Schmuckstücke die Frauen zieren, zieren sie Ehemann, Kinder und Reichtum (denn Frauen haben schon von Natur eine Vorliebe für Reichtum und Schmuck); ferner schlingt sich das Geschmeide um den Hals wie Mann und Kinder. Einem Mann dagegen bedeutet es Betrügereien, Hinterhältigkeiten und große Verwicklungen in seinen Geschäften, jedoch nicht wegen des Stoffcs, sondern wegen der Form und der Art der Verarbeitung; denn das Gold bringt nicht wegen des Stoffes, wie einige erklärten, Unglück, sondern ganz im Gegenteil Glück, wie ich häufig beobachtet habe, doch nur dann, wenn dessen Maß und Menge ausgewogen ist und es keinen Anstoß erregt infolge seiner Form, z. B. als Halsketten bei Männern, noch die Schranken des gesellschaftlichen Ranges überschreitet, wie z. B. in Form von Kränzen, prächtigen Gefäßen und vielen Geldstücken bei armen Leuten. Schaut jemand also derartiges im Traum, ist das Gold nicht wegen des Stoffes, sondern wegen der Art der Verarbeitung von Übel.

Schönheit (I 50)

Glückverheißend sind ferner nach meiner Erfahrung Schönheit, edler Wuchs und Körperkraft, sofern sie nicht Menschenmaß überschreiten, denn träumt jemand, ungewöhnlich schön, stattlich oder stark zu sein, bedeutet es dasselbe, wie wenn man glaubt, häßlich oder gelähmt oder kraftlos zu sein. Alles dies bringt Kranken den Tod, Gesunden Kraftlosigkeit und Siechtum.

Schreiben (von rechts nach links) (III 25)

Von rechts nach links schreiben bedeutet, man werde sich irgendein Gaunerstück leisten und jemanden durch Betrug und Schliche übervorteilen und schädigen, häufig auch, man werde Ehebruch treiben und heimlich uneheliche Kinder in die Welt setzen.

Schwan (II 20)

Der Schwan bedeutet einen Musiker und die Musik selbst, ferner bringt er wegen seiner Farbe Verborgenes ans Licht. Kranken prophezeit seine Erscheinung Heilung, sein Gesang aber Tod; denn erst im Sterben läßt er seine Stimme ertönen.

Schwangerschaft (I 14)

Träumt ein Armer, schwanger zu sein, so wird er ein stattliches Vermögen erwerben, Geld in Hülle und Fülle verdienen und auf diese Weise dick und rund werden. Einen Reichen dagegen werden Prüfungen und Sorgen heimsuchen. Ein Verheirateter wird seine Gattin verlieren; er benötigt gewissermaßen keine Frau mehr, die Kinder zur Welt bringt. Ein Lediger wird eine so herzensgute Frau heiraten, daß er Lust und Schmerz mit ihr zu teilen vermeint. Allen übrigen prophezeit es Krankheit.

See (II 27)

Ein großer See bedeutet dasselbe wie ein Fluß, ausgenommen in Hinsicht auf eine Reise. Denn weil das Wasser darin nicht fließt, sondern immer an derselben Stelle stehen bleibt, verhindert es den Antritt einer Reise. Ein mittelgroßer oder ein kleiner See bedeutet eine Frau, die reich ist und sich den Liebesfreuden gerne hingibt; denn auch ein See nimmt diejenigen auf, die hineinsteigen wollen, und wehrt ihnen den Zutritt nicht. Quellen, Brunnen und Springbrunnen voll klaren Wassers verheißen allen ohne Unterschied Segen, besonders Kranken und Mittellosen; den einen schenken sie Heilung, den anderen Reichtum; denn nichts fördert die Gesundheit so wie das Wasser. Ausgetrocknet und ohne Wasser bedeuten sie das Gegenteil.

Seevögel (II 17)

Möwen, Sturmtaucher und alle anderen Arten von Meeresvögeln führen Seefahrer in äußerste Gefahr, doch nicht in den Tod, denn alle diese Vögel tauchen zwar unter, versinken aber nicht in der See. Den übrigen Menschen bedeuten sie Hetären und zänkische Frauen oder räuberische und rücksichtslose Betrüger und Leute, die mittelbar oder unmittelbar aus dem Meer ihren Lebensunterhalt verdienen. Verlorenes wird man nach diesem Traumgesicht nicht wiederfinden; denn was diese Vögel fangen, schlingen sie hinunter.

Singen (I 76)

Mit schöner, wohlklingender Stimme Lieder singen bringt

Sängern, Musikern und allen übrigen Menschen Glück; schlecht und unrein singen ist dagegen ein Zeichen von schlechten Geschäften und Armut. Erinnert man sich noch der Lieder, die man gesungen hat, so gehe man bei der Deutung von ihrem Inhalt aus. Unterwegs zu singen, ist günstig, besonders wenn man einem Zugtier folgt, ungünstig dagegen, wenn man es in einer Badeanstalt tut. Jenes bedeutet, man werde sein Leben anständig und wohlgemut verbringen, dieses, man könne keine deutliche Sprache führen. Viele erhielten nach diesem Traumgesicht eine Kerkerstrafe. Lieder auf öffentlichem Marktplatz oder auf Straßen zu singen bedeutet einem Reichen Skandale und Verspottungen, einem Armen Wahnsinn.

Sonne (II 36)

Helios bringt allen Heil, wenn er im Osten strahlend und rein aufgeht und im Westen untergeht; den einen prophezeit er Unternehmungen; er weckt nämlich aus dem Schlaf und treibt zum Tätigsein an; anderen verheißt er die Geburt von Söhnen; denn Eltern pflegen ihren Buben den Kosenamen «Sonnen» beizulegen. Sklaven macht er frei; die Menschen nennen auch die Freiheit «Sonne». Allen anderen verhilft er zu Besitz und Vermögen. Dagegen schadet er Leuten, die das Licht der Öffentlichkeit scheuen und unentdeckt bleiben wollen; denn er deckt alles auf und macht alle Dinge leicht erkennbar. Helios, im Westen aufgehend, bringt die Geheimnisse derjenigen an den Tag, die glauben, verborgen geblieben zu sein, er gibt dem Kranken, wenn er schon verzweifelt ist, wieder Zuversicht und zeigt dem Augenkranken an, daß er nicht erblinden wird; denn nach langer Nacht wird dieser das Tageslicht wieder schauen. (...)

Erscheint Helios dunkel, blutigrot oder von schrecklichem Aussehen, zeigt er jedermann Übel und Unheil an; bald prophezeit er Stillstand der Geschäfte, bald den Kindern des Träumenden Krankheit oder irgendeine Gefahr oder dem Träumenden ein Augenleiden. Dagegen ist er erfahrungsgemäß Leuten förderlich, die verborgen bleiben wollen oder in Furcht leben; die einen werden unentdeckt bleiben, die anderen nichts Schlimmes erleiden; denn Helios mit dunklem Licht erhellt weniger.

Spiegel (II 7)

Sich im Spiegel zu betrachten und darin sein Bild ähnlich zu finden ist für einen Heiratslustigen, sowohl für einen Mann wie für eine Frau, von guter Vorbedeutung; das Spiegelbild bedeutet dem Mann eine Frau, der Frau einen Mann, weil es die Gesichter zeigt, wie diese einander die Kinder.

Sport (I 55)

Einen Reifen treiben bedeutet, man werde Anstrengungen unterworfen, aus denen dem Träumenden ein Nutzen entstehen wird. Fang- und Wurfball bedeuten endlosen Zank und Streit, oft auch Liebe zu einer Hetäre; Fang- und Handball gleichen einer Hetäre, weil sie nirgendwo bleiben, sondern von Hand zu Hand wandern. Sprunghanteln und Übungen mit ihnen prophezeien für den Augenblick Stillstand der Geschäfte und Plackereien, dann aber wieder Unternehmungen, die mit Leichtigkeit vonstatten gehen; diese Sportart ist ja nichts anderes als ein Training der Arme. Sackhüpfen, Kegeln, Hürdensprung und andere

Turnspiele für junge Leute sind Vorboten von Zank und Streit.

Star (II 20)

Stare bedeuten die Volksmenge, arme Leute und ein heilloses Durcheinander; Dohlen bezeichnen dasselbe wie Stare.

Stechmücken (III 8)

Stechmücken, die sogenannten Schnaken und ähnliche Insekten bedeuten, daß üble Kerle dem Träumenden ins Haus kommen, die ihn schädigen und obendrein noch in Verruf bringen. Schankwirten und Weinhändlern prophezeien sie, daß der Wein in Essig übergehen wird; sie lieben nämlich den Essig.

Stiefmutter (III 26)

Eine Stiefmutter zu schauen, sei sie lebend oder tot, bringt kein Glück. Grollt, zankt oder fügt sie dem Träumenden Schaden zu, steigert sie das Unheil. Benimmt sie sich aber anständig, ist das Unheil, das sie anrichtet, geringer. Zeigt sie sich dem Träumenden durch Worte und Taten gefällig, werden dessen Hoffnungen trügen; denn eine Stiefmutter liebt niemals das Stiefkind mit gutem Gewissen und von Herzen. Der Stiefvater bedeutet dasselbe wie die Stiefmutter, nur mit weniger Gewicht.

Streit (III 9)

Mit Familienangehörigen zu streiten ist nicht gut, auch

nicht mit Fremden, doch weniger schlimm. Träumt ein Kranker zu streiten, so wird er verrückt werden. Mit Bessergestellten zu streiten, z. B. mit Herren, Herrschern, Mächtigen und jeder Art von Höhergestellten, bedeutet, man werde von den Betreffenden, mit denen man aneinander geriet, übel bedacht werden.

Tanzen (I 76)

Im Traum die Vorstellung haben, man tanze daheim im Kreis seiner Angehörigen, ohne daß eine fremde Person anwesend ist und zuschaut, ist für jedermann ohne Unterschied ein glückliches Vorzeichen. Desgleichen, wenn man seine Frau, seine Kinder oder einen von den nächsten Verwandten tanzen sieht; es zeigt große Lebensfreude und Wohlleben an, weil kein Mensch ans Tanzen denkt, ehe er nicht dem Bauch wie einem strengen und grausamen Gebieter seinen schuldigen Tribut entrichtet hat; erst dann gibt man sich dem Tanz hin und lockert die Glieder. Dagegen ist es für einen kranken Menschen, Mann oder Frau, von übler Vorbedeutung; er wird wegen der vielen Bewegungen beim Tanz um Sinne und Verstand kommen. Ein böses Zeichen ist es ferner für den, der einen Kranken im Haus hat; denn einem Tanzenden ergeht es wie einem heftig Trauernden, und er gebärdet sich auch so. Niemandem, weder einem Gesunden noch einem Kranken, bedeutet es etwas Gutes, zu träumen, daß man in Gegenwart fremder Leute, mögen es viele oder wenige sein, tanzt oder daß man einen seiner Angehörigen tanzen sieht; im ersten Fall wird jemand im Haus sterben, im letzten der Tanzende einen großen Skandal erregen.

Taube (II 20)

Ringel- und Haustauben bedeuten Frauen, und zwar Ringeltauben solche, die ganz und gar der lockeren Zunft angehören, Haustauben mitunter haushälterischere und ordentliche Frauen. Man darf auch von vielen Tauben auf eine Frau, und von einer Taube auf viele Frauen schließen. Haustauben bedeuten ferner die Lust und das Vergnügen an den Geschäften, weil sie der Aphrodite heilig sind, und schließlich sind sie im Hinblick auf Freundschaften, Geschäftsverbindungen und jede Art von Übereinkommen glückverheißend, weil sie gesellig zusammenleben.

Theater (I 56)

Träumt jemand, er trete in einer Tragödie auf, er besitze tragische Stücke oder Dichtungen, er höre Tragöden oder rezitiere tragische Iamben, so wird alles dem Inhalt entsprechend eintreten, wenn er sich an das Gesprochene erinnert; wenn nicht, kommen über ihn Plagen, Sklavendienste, Hader, Mißhandlungen, Gefahren und noch Entsetzlicheres oder Gräßlicheres als dieses; denn davon sind die Tragödien voll. Dagegen zeigt das Auftreten in einer Komödie, das Anhören von Komödianten oder der Besitz von komischen Dichtungen oder Büchern, wenn es sich um Stücke der alten Komödie handelt, Verspottungen und Zwistigkeiten an; sind es Stücke der zeitgenössischen Komödie, bedeutet es in allen übrigen dasselbe wie die Tragödie, nur daß sie ein gutes und glückliches Ende verheißen; denn darauf läuft für gewöhnlich die Handlung der Komödien hinaus.

Tod und Begräbnis (II 49)

Träumt man zu sterben, zu Grabe getragen und bestattet zu werden, so prophezeit es einem Sklaven, der keine Vertrauensstellung genießt, die Freiheit; der Tote ist nämlich keinem Herrn untertan und aller Anstrengungen und Dienste ledig. Dagegen raubt der Tod einem Sklaven die Vertrauensstellung, die er innehat; einem Unverheirateten kündigt er Hochzeit an; denn beide, Hochzeit und Tod, gelten den Menschen als Ziel und Vollendung, und immer wird das eine durch das andere angezeigt. Deshalb prophezeit das Heiraten Kranken den Tod; denn beiden, dem Hochzeiter wie dem Verstorbenen, wird dasselbe zuteil, z. B. das Geleit von Freunden, Männern und Frauen, Kränze, wohlriechende Essenzen, Salben und eine schriftliche Aufzeichnung des Vermögens.

Den Verheirateten trennt der Tod von der Frau, und Genossen, Freunde und Geschwister scheidet und entzweit er; denn Verstorbene verkehren nicht mit Lebenden, doch Lebende mit Verstorbenen. Den, der in der Heimat lebt, treibt das Gesicht in die Fremde, weil der Verstorbene nicht mehr an derselben Stätte bleiben kann, während es den in der Fremde Weilenden in die Heimat zurückführt; denn der Tote wird in die Mutter Erde versenkt, die die gemeinsame Heimat aller ist.

Tod durch Köpfen (I 35)

Träumt man, geköpft zu sein – in Folge eines richterlichen Urteils, durch Räuberhand, im Gladiatorenkampf oder sonstwie: das macht keinen Unterschied – so droht dem, der Eltern, und dem, welcher Kinder hat, Unglück. Der

Kopf gleicht den Eltern, weil er die Ursache des Lebens ist; den Kindern wegen der Ähnlichkeit des Gesichtsausdrucks. Einige verloren nach diesem Traumerlebnis ihre Gattin, einen Freund und einen guten Hausverwalter, und es fehlte ihnen von da ab eine zuverlässige Person, die auf ihr Hab und Gut ein wachsames Auge gehabt hätte. Ein Hausbesitzer kam um sein Haus; denn der Kopf ist sozusagen das Haus der Sinne. Besitzt aber einer alles dies zusammen, so erfüllt sich das Traumgesicht selbstverständlich nicht in jeder der erwähnten Beziehungen, sondern nach meiner Erfahrung nur im Hinblick auf die Person, welche der Träumende am meisten schätzt, die er liebt und die ihm besonders nahe steht.

Von guter Vorbedeutung ist dieses Traumerlebnis für den, der in einen Prozeß verwickelt ist, bei dem es um Kopf und Kragen geht; denn alle Geschehnisse, die sich nur einmal ereignen, unmöglich aber ein zweites Mal, werden, wenn sie sich im Traum abgespielt haben, sich nicht mehr verwirklichen. Sie haben sich ja bereits im Traumgesicht ereignet. Bankiers, Gläubigern, Eranarchen, Reedern, Großkaufleuten und allen, die Gelder eintreiben, droht, wegen der Gleichnamigkeit, Verlust des Kapitals. Aus demselben Grund ist es für Schuldner günstig. Wer in der Fremde lebt, wird in die Heimat zurückkehren, und jemand, der einen Prozeß um Grund und Boden führt, denselben gewinnen. Ist nämlich der Kopf abgehauen, fällt er zur Erde, bleibt dort liegen und bereitet dem übrigen Körper keine Pein mehr.

Tote, die wieder lebendig werden (II 62)

Wiederauflebende Tote bedeuten Aufregungen und Verluste. Denn angenommen den Fall, sie würden wieder lebendig, was für ein Durcheinander erwüchse daraus. Wie sich denken läßt, werden sie ihr Eigentum zurückfordern, und dadurch entstehen Verluste.

Treppe (II 42)

Eine Treppe ist das Symbol einer Reise und eines Umzugs, ihre Stufen bedeuten das Weiterkommen. Einige behaupten, daß sie auch Gefahr anzeigen.

Trinken (Wasser, Wein, Öl) (I 66)

Kaltes Wasser trinken bringt jedermann Glück; warmes dagegen zeigt allen mit Ausnahme derer, die es gewohnt sind, Krankheiten oder Stillstand der Geschäfte an; denn das Trinken von warmem Wasser ist nicht naturgemäß. Wein in bescheidenem Maß aus nicht zu großen Bechern zu trinken und sich nicht zu berauschen ist gut. Passend kann man hier den Ausspruch des Sokratesschülers Xenophon anführen: «Der Wein schläfert die Sorgen ein wie der Alraun die Menschen, den Frohsinn weckt er so wie das Öl die Flamme.» Deshalb ist es günstig, im Traum maßvoll und wenig Wein zu trinken, denn reicher und unmäßiger Genuß verursacht allen ohne Unterschied viele Übel.
Aber nicht nur das viele Weintrinken ist von Übel, so behaupte ich, sondern auch, in der Gesellschaft vieler Zecher zu sein. Denn immer folgt dem Rausch der Leichtsinn, aus welchem Entzweiung entsteht, die Mutter des Krieges. Das Trinken von Met, honigsüßem Quittenwein, Quittensaft, Myrtenwein und jeder Art von künstlich zubereitetem Wein ist für Reiche wegen des Schwelgens und Prassens ein

gutes, für Arme ein böses Vorzeichen; denn letztere greifen nur dann zu solchen Getränken, wenn Krankheit sie dazu zwingt. Essig zu trinken kündigt Zank und Streit mit den Verwandten an, weil Essig den Mund zusammenzieht. Fischextrakt bedeutet Schwindsucht; dieser ist ja im Grunde nichts anderes als ein Produkt der Fäulnis. Das Trinken von Öl zeigt Vergiftung oder Krankheit an. Immer ist es gut, aus Durst zu trinken. Wenn man nichts zu trinken vorfindet oder zu einem Fluß, einer Quelle oder Zisterne kommt, ohne Wasser schöpfen zu können, so wird man nichts von dem zustande bringen, wonach man trachtet. Dürsten ist ja nichts anderes als ein Verlangen, und Trinken stillt das Verlangen.

Trunkenheit (III 42)

Betrunken sein ist niemandem, weder Mann noch Frau, zuträglich; es bedeutet viel Unverstand und Behinderung in der Geschäftstätigkeit; denn Trunkenheit zeitigt solche Folgen. Von guter Vorbedeutung dagegen ist das Betrunkensein für Leute, die in Furcht leben; denn Betrunkene sind unbekümmert und haben keine Furcht.

Uhr (III 66)

Die Uhr bedeutet Handlungen, Unternehmungen, Bewegungen und Inangriffnahme von Geschäften: Alles nämlich, was die Menschen tun, vollbringen sie im Hinblick auf die Stunden. Deshalb ist es übel und verhängnisvoll, besonders für Kranke, wenn eine Uhr zusammenfällt oder zerbricht. Immer ist es besser, die Stunden vor der Mittagszeit als nach derselben zu zählen.

Vögel (II 20)

Große Vögel bringen eher Reichen als Armen Nutzen, die kleinen dagegen sind den Armen ganz besonders nützlich. Denn die großen Vögel leiden häufig Hunger, weil sie sich nicht mit einfachem Futter begnügen, sondern fetter Beute nachjagen und das erstbeste verschmähen, die kleinen dagegen, die Körnersammler, haben niemals Not, weil sie sehr leicht ihre Nahrung finden.

Wespen (II 22)

Wespen sind von schlimmer Vorbedeutung; sie prophezeien, daß man unter Schurken und Rohlinge fallen wird.

Wind (II 36)

Mild und sanft wehende Winde sind von guter Vorbedeutung, heftige und ungestüme bezeichnen unangenehme und rücksichtslose Menschen, Wirbelwinde und gewaltige Stürme führen Gefahren und große Aufregungen herauf. Man beachte ferner, daß Winde, die den Himmel ganz in Wolken hüllen, jedermann Unglück bringen, Glück nur denen, die sich verbergen wollen; Winde, die klares Wetter verursachen, bedeuten das Gegenteil.

Würfelspiel (III 1)

Das Würfelspielen bedeutet mit jemand Zank und Streit um Geld haben; denn die Würfel markieren allseits Zahlen und diejenigen, mit denen Würfelspieler werfen, heißen Steine. Das Gewinnen aber bringt immer Glück.

Zähne (I 31)

Was die Deutung der Zähne anbetrifft, die eine vielfache Bestimmung zuläßt, so ist erst in unseren Tagen von ganz wenigen Traumdeutern ein echtes Verständnis erarbeitet worden, wobei Aristandros aus Telmessos die meisten und besten Richtlinien gegeben hat. Es verhält sich damit folgendermaßen: Die oberen Zähne weisen auf die Bessergestellten und Standespersonen im Haus des Träumenden hin, die unteren auf die kleinen Leute. Man hat nämlich den Mund als ein Haus, die Zähne als die Menschen im Haus aufzufassen; dabei bezeichnen die der rechten Reihe Männer, die der linken Frauen; von dieser Regel gibt es nur wenige Ausnahmen, z. B. wenn ein Bordellbesitzer nur Frauenzimmer oder ein Landwirt nur Männer in Dienst genommen hat; bei denen bedeuten die rechten Zähne die älteren, die linken die jüngeren Männer oder Frauen.

Ferner bezeichnen die sogenannten Schneidezähne, d. h. die Vorderzähne, die ganz jungen Leute, die Eckzähne Personen von mittlerem Alter, die Backenzähne die bejahrten. Welcher Art der Zahn ist, den einer zu verlieren träumt, dementsprechend wird er den Verlust eines Menschen beklagen, dessen Symbol er ist. Da die Zähne aber nicht nur Menschen, sondern auch das Hab und Gut bedeuten, hat man die Backenzähne auf die Kostbarkeiten, die Eckzähne auf die weniger wertvollen Gegenstände, die Schneidezähne auf die Hausgeräte zu beziehen. Ganz folgerichtig zeigt also ihr Ausfallen den Verlust eines Hab und Gutes an. Sodann bedeuten die Zähne die Lebensbedürfnisse, und zwar die Backenzähne die geheimen und unaussprechlichen, die Eckzähne diejenigen, die nur wenigen Leuten bekannt sind, die Schneidezähne aber die ganz offenkundigen und die durch Wort und Stimme verrichtet werden. Ausfallende Zähne sind somit ein Hindernis in der Befriedigung der entsprechenden Bedürfnisse.

Zahme Tiere (II 12)

Zahme Tiere, die wild werden, bedeuten Unheil, wilde, die zahm werden, Glück und Gewinn. Großen Segen verheißt es, wenn Tiere plötzlich ihre Stimme ertönen lassen und wie Menschen sprechen, ganz besonders, wenn sie etwas Glückverheißendes und Angenehmes sagen. Alles, was sie sprechen, ist die reine Wahrheit, und man muß dem Glauben schenken. Ist das Gesagte einfach und verständlich, richte man sich danach, ist es rätselhaft, versuche man, es zu deuten.

Zeus (II 35)

Zeus selbst zu schauen, so wie wir ihn uns vorzustellen pflegen, oder sein Standbild mit der ihm eigentümlichen Kleidung ist für einen Herrscher und für einen Reichen glückverheißend; denn es festigt des ersteren Stellung, des letzteren Reichtum. Einem Kranken verheißt er Genesung, und auch den übrigen Menschen bringt er Segen. Immer ist es besser, den Gott ruhig stehen oder auf seinem Throne sitzen und ohne Bewegung zu sehen; bewegt er sich jedoch, so bringt er Glück, wenn er sich nach Sonnenaufgang wendet; Unglück aber, wenn nach Sonnenuntergang, ebenso wenn er nicht die ihm eigentümliche Kleidung trägt.

Zunge (I 32)

Eine geschwollene Zunge kündigt der Ehefrau des Träumenden, falls dieser verheiratet ist, Krankheit an, ist er es nicht, ihm selbst. Eine aus dem Mund heraushängende Zunge bedeutet Schaden infolge frecher Reden, häufig auch Verleumdung der Gattin des Träumenden als Ehebrecherin.

Zwiebeln, Knoblauch (I 67)

Zwiebeln und Knoblauch essen bringt Unglück, ihr Besitz aber Glück. Nur für Kranke geht der Traum von Zwiebeln anders aus. Über diesen Punkt ist Alexander aus Myndos in großer Verlegenheit gewesen und zu keiner Lösung gekommen. Ich vertrete folgende Auffassung: Träumt einer, der krank ist, er esse viele Zwiebeln, so wird er zwar wieder auf die Beine kommen, aber den Tod eines anderen beklagen. Ißt er nur wenige, wird er sterben. Denn die Sterbenden vergießen nur wenig Tränen, die Trauernden dagegen viele, weil sie ja lange Zeit weinen.

Wenn Helden träumen – Szenen aus dem literarischen Traumland

Grundlegende Erfahrungen menschlichen Daseins finden in jede Literatur Einlaß und werden von ihr in mannigfacher Weise verarbeitet und genutzt. So auch der Traum. Er ist schon in den frühesten Werken der griechischen Literatur, den Epen Homers, präsent und wird auf kunstvolle Weise in die Dramatik der Erzählung eingebettet. Homers Traumschilderungen wurden vorbildhaft für viele Literaten – kein Wunder, wurde ihm doch im Altertum höchste Bewunderung als *dem* Dichter schlechthin entgegengebracht.

Aber auch da, wo Schriftsteller sich von der homerischen Tradition entfernen, bleibt der Traum als fiktionales Motiv vielfach lebendig. Eigentlich eine Selbstverständlichkeit – denn die Literatur bildet ja das Leben ab. Und etwas, das ins Leben so eindrucksvoll eingreift wie die nächtliche Traumvision, kann in der literarischen «Bewältigung» und Nachzeichnung der Lebenswirklichkeit nicht ausgeklammert werden.

Zumal es sich in der literarischen Technik so hervorragend nutzen läßt! Der Traum ist ein beliebtes Mittel, um Höhe- und Wendepunkte des erzählten Geschehens einzuleiten oder zu markieren; er kann als Moment des Spannungsaufbaus genutzt werden – wird sich der vorausahnende Traum bewahrheiten? Wird sich die Deutung eines Traumes als richtig erweisen? –; er kann dazu dienen, die Bewußtseinslage einer literarischen Gestalt zu veranschaulichen, und er bietet die Möglichkeit, das Einwirken höherer, übersinnlicher Mächte auf die Geschicke der Menschen deutlich werden zu lassen.

Es sind tatsächlich sehr oft Götter oder im göttlichen Auftrag wirkende Tote, die den Träumenden erscheinen und die Botschaften der Unsterblichen (oder was die Menschen dafür halten ...) auf diese Weise den Menschen übermitteln. Dabei ist der hohe soziale Rang der Träumenden von größter Bedeutung: *Sie* sind es ja, die, zumal im Epos und im Drama, entscheidenden Einfluß auf das Geschehen nehmen, es vorantreiben und durch ihre Entscheidungen das Schicksal der ihnen Unterstellten beeinflussen.

Es lag daher nahe, die Träume der *Helden* als literarisches Mittel zu nutzen. *Ihre* Traumbegegnungen müssen von ganz anderem Einfluß auf den Fortgang der erzählten Handlung sein als die Träume des kleinen Mannes – das ist jedem Leser klar. Und ebenso klar ist, daß sich die Götter, wollen sie etwas ankündigen, verhindern oder bewirken, mit ihren Traum-Epiphanien an die Helden – heute würde man sagen: die Entscheidungsträger – halten müssen: *Ihre* Ängste, *ihre* Sorgen und Hoffnungen müssen geweckt oder verringert werden; *ihnen* müssen Belohnungen und Anreize in Aussicht gestellt, an *ihr* Gewissen muß appelliert werden. Sonst wäre das Traumerlebnis bedeutungslos, weil es keine Chance auf Umsetzung in Wirklichkeit hätte.

Zugleich erscheinen die Träume als intensive Spiegel der Seele. Sie sind Ausdruck der Emotionen, die den Menschen am Vortage beherrscht haben. In ihnen werden die wichtigen Eindrücke und Überlegungen verarbeitet, Gewissensbisse und Unsicherheit, Reue und Entscheidungsdruck;

kurz: Gerade das, was die psychische Verfassung des Träumenden in seinem Wachzustand bestimmt hat, das bricht sich im Traum machtvoll Bahn.

Und nicht selten führt der Traum eine Entscheidung herbei, zu der sich der Träumende bei Bewußtsein noch nicht hat durchringen können: Sein Unterbewußtsein offenbart ihm im Traum, wozu er innerlich entschlossen ist, und gibt ihm die Kraft, es am nächsten Morgen in reales Handeln umzusetzen. Auch hierbei leuchtet ein, daß der Held eine viel intensivere Traumerfahrung macht als jemand, auf dem geringere Verantwortung lastet und für den weniger Erfolg oder Mißerfolg auf dem Spiel steht.

In der literarischen Traumwelt ist der Träumende in aller Regel passiv dargestellt. Er schläft und träumt – und erleidet oder genießt den Traum als selbst das Traumgeschehen nicht beeinflussender Empfänger einer ihm vermittelten Vision. Die Erfahrung, die ihm dabei zuteil wird, heißt: Er *sieht* einen Traum, nicht: Er *hat* einen Traum. Der Träumende steht gewissermaßen neben sich, und eben das ermöglicht ihm eine Perspektive, die er im Wachzustand so nicht hat: Er schaut auf sich selbst – und kann in seiner Seele etwas erschauen, worauf ihm sein rational gesteuertes Bewußtsein bei Tage den Blick verstellt. Er erfährt sich im Traume selbst – und muß sich beim Erwachen entscheiden, wie er auf diese Erfahrung reagieren will.

Die Traumschilderungen der antiken Literaten lassen uns diese Selbsterfahrungen ihrer Helden nachvollziehen, und das auf der Grundlage einer tiefen Kenntnis der menschlichen Seele. Die Nacherzählung kann die literarische Qualität der Originale nicht erreichen. Aber die Auswahl mag einen Einblick in die Vielfalt und die Bedeutung des Traummotivs in der antiken Literatur geben und damit auch in die Realität, die sich hinter dem Traumland verbirgt. Eine Wirklichkeit von überzeitlicher Aktualität nach Meinung der Herausgeberin – die aber der Deutung der folgenden Traumvisionen durch die Leser nicht vorgreifen will.

«Rüsten heiße ich die langgehaarten Griechen mit aller Macht . . .» – Agamemnons Traum

Zeus persönlich bestellt Oneiros, den Dämon des Traums, zu sich und beauftragt ihn, unverzüglich ins Lager der Griechen vor Troja zu eilen. Dort soll er Agamemnon eine wichtige Traumbotschaft übermitteln.

Oneiros findet Agamemnon schlafend in seiner Hütte vor. In Menschengestalt, dem alten Nestor ähnlich, erscheint er ihm und rüttelt ihn auf: Nicht gezieme es einem bedeutenden Heerführer, die ganze Nacht über zu schlummern. Die ihm anvertrauten Männer hätten Anspruch darauf, daß er sich Gedanken mache, wie es im mittlerweile schon zehnten Kriegsjahr weitergehen solle. Zeus selbst schicke ihn als Boten mit dem Rat, jetzt mit aller Macht aufzurüsten und die Entscheidung zu suchen: «Jetzt magst du nehmen die Stadt, die breitstraßige der Troer!» Zeus und die olympischen Götter seien entschlossen, Troja zu Fall zu bringen. Mit dieser Versicherung entschwindet Oneiros.

Als Agamemnon aufwacht, denkt er eine Zeitlang über seinen Traum nach. Es scheint ihm klar: Das war eine göttliche Botschaft, die den Sieg der Griechen für die allernächste Zukunft prophezeit hat. Ja, noch am Abend desselben Tages werde Troja erobert sein – nur so, meint Agamemnon, lasse sich die Zusage des Zeus deuten.

Noch im Morgengrauen stürmt Agamemnon siegesgewiß aus seiner Hütte und weist die Herolde an, die Griechen zur Ratsversammlung zusammenzurufen. Dort eröffnet er ihnen seinen Traum. Wortwörtlich wiederholt er vor ihnen, was ihm Oneiros im Auftrage des höchsten Gottes mitgeteilt hat – und wie er den Traum deutet: Der letzte Sturm auf die Festung soll beginnen!

Als Agamemnon sich gesetzt hat, ergreift der greise Nestor das Wort. Ein Traum als strategische Hilfe der Götter? Da sei er gewöhnlich skeptisch. Und wenn ein anderer Grieche davon berichtet hätte, würde er ihn trügerisch nennen und abraten, sich von ihm beeinflussen zu lassen. Der Rang des Träumenden allein sei es, der ihn an eine göttliche Traumbotschaft glauben lasse: wenn dem «Besten unter den Achäern» ein solcher Traum gesandt werde, dann müsse man sich nach ihm richten.

Nestors Wort hat Gewicht. Die Versammlung folgt ihm. Und sie freut sich schon darauf, daß der lange Krieg bald zu Ende sein wird. Denn sie hat sich Agamemnons Traumdeutung nur zu gern zu eigen gemacht.

Eine fatale Fehleinschätzung, die noch ungezählte Griechen das Leben kosten wird, bevor die Festung der Trojaner endgültig fällt. Von einem kurz bevorstehenden Sieg kann keine Rede sein. Der Traum ist allenfalls der Auslöser für eine weitere – allerdings die letzte – Etappe in dem blutigen Ringen um Troja.

Und eben diese Fehleinschätzung ist von Zeus mitbedacht worden, als er seinen Traum-Auftrag an Oneiros erteilt. Das eigentliche Ziel des Traumes ist es, die Griechen wieder für den Kampf zu motivieren. Daß dabei viele Angreifer fallen werden, ist einkalkuliert. Denn das entspricht der von seiner Mutter Thetis erbetenen Genugtuung für

Achill, der mit Agamemnon wegen der Beute in Streit geraten ist und sich grollend von seinen Kriegskameraden abgewandt hat. Er fühlt sich zurückgesetzt – und um seine Ehre wiederherzustellen, erklärt sich Zeus auf Drängen der Thetis bereit, «viele Achäer zu verderben bei den Schiffen».

So kommt es zum «Unheilstraum» des Agamemnon. Wobei der Wortlaut der von Oneiros überbrachten Traumbotschaft keineswegs trügerisch ist – wohl aber die Deutung, die Agamemnon seinem Traum gibt: «Der Kindische! Denn nicht wußte er, was Zeus im Sinn trug für Dinge.»

Quelle: Homer, Ilias II 5–84.

Ein Toter bittet um sein Begräbnis – Achills Patroklos-Traum

Patroklos ist tot. Der beste Freund Achills ist von Hektor, dem Anführer der Trojaner, getötet worden. Aber er bleibt nicht ungerächt. Auch Hektor ereilt der Tod im Zweikampf mit Achill.

Wütender Schmerz und tiefe Trauer erfüllen Achill. Er wird den Freund noch am toten Hektor weiter rächen – seine Wut wird sich am Leichnam des Täters austoben. Er verbietet es, Hektors Leiche zu waschen, «bevor ich Patroklos gelegt ins Feuer und das Grabmal aufgeschüttet». Als alle Vorbereitungen für die Leichenfeier am nächsten Tag angeordnet sind, fällt Achill völlig erschöpft in tiefen Schlaf.

Da erscheint ihm die Seele des unglücklichen Patroklos. An Größe und Schönheit der Augen gleicht sie dem Lebenden, auch an Stimme und Kleidung. Die Traumgestalt des Patroklos tritt dicht neben Achills Kopf. Sie weiß offenbar nichts von dem, was sich in der Welt der Lebenden ereignet. Denn sie fordert von Achill eben das, was für den kommenden Tag ohnehin geplant und vorbereitet ist: ihre Bestattung.

Patroklos drängt darauf, begraben zu werden, weil er erst dann das Tor zum Hades durchschreiten und zu den anderen Seelen der Verstorbenen gelangen könne. Solange irre er in einer Zwischenwelt umher. Dann ein wehmütiger Gedanke: Nie mehr werde er mit den Gefährten zusammen sein, nie mehr mit ihnen in der Ratsversammlung sitzen. Auch Achill, so eröffnet er dem Träumenden dessen Zukunft, werde unter der Mauer Trojas ums Leben kommen. Er solle dafür sorgen, daß ihrer beider Gebeine dann nicht getrennt bestattet würden, sondern, wie sie zusammen aufgewachsen seien, dereinst «auch die Gebeine die gleiche Urne umhüllen soll».

Achill beruhigt die Seele des Patroklos. Alles sei für sein Begräbnis vorbereitet. Was er sich wünsche, werde bald geschehen. Sehnsüchtig greift Achill nach den Händen der Traumerscheinung – aber sie entzieht sich ihm. Schwirrend wie ein Rauch entweicht die Seele unter die Erde.

Da erwacht Achill. Erstaunt springt er von seinem Lager auf: «So ist denn wirklich noch in des Hades Häusern irgendwie Seele und Bild!», ruft er aus. «Denn die ganze Nacht hat des unglücklichen Patroklos Seele bei mir gestanden, klagend und jammernd ..., und glich wunderbar ihm selbst.»

Die Bitte des Toten aber geht am nächsten Tag in Erfüllung. Auf dem hoch aufgetürmten Scheiterhaufen wird die Leiche des Patroklos verbrannt. Am nächsten Morgen werden seine Gebeine gesammelt, und es schließen sich sportliche Wettkämpfe als Leichenspiele zu Ehren des Helden an. Patroklos' Seele kann so in ihre neue Heimat friedlich hinübergleiten.

Quelle: Homer, Ilias XXIII 62–108.

«Denn wiederkehren wird dein Sohn» – Penelopes erster Traum

Was ist mit Odysseus und seinen Gefährten auf ihrer Rückfahrt von Troja passiert? Niemand weiß etwas von ihrem Schicksal. Auch auf Ithaka ist man ahnungslos. Penelope, seine Frau, und sein Sohn Telemach befürchten das Schlimmste. Die einzigen, die immer mehr Gefallen an der Situation finden, sind die Freier, die um die vermeintliche Witwe werben – und damit um die Herrschaft über Ithaka. Obwohl Penelope ihnen die kalte Schulter zeigt, haben sie sich fest im Palast des Odysseus eingenistet und werden immer unverschämter. So gut es geht, stemmt sich der junge Telemach ihnen entgegen. Aber die Lage droht immer unstabiler zu werden. Da entschließt sich Telemach, in See zu stechen und in Pylos und Sparta nach dem verschollenen Vater zu fragen. Die alte Amme Euryklea zieht er ins Vertrauen. Seiner Mutter aber sagt er nichts von seinem Plan. Heimlich macht er sich auf den Weg.

Als Penelope von der Abreise Telemachs hört, ist sie tief besorgt. Ihre Sorge steigert sich zu größter Angst um den jungen Mann, als ihr Attentatspläne gemeldet werden, die die Freier inzwischen gegen Telemach schmieden. Euryklea bricht nun zwar ihr Schweigen, aber das vermag Penelope nicht zu beruhigen. Im Gegenteil: Sie ist voller Kummer; unter heftigem Schluchzen beklagt sie ihr Los: Ob sie Sohn und Mann jemals wiedersehen werde, sei höchst ungewiß. Erst habe sie den Gatten, nun auch noch den Sohn verloren! Sorge und Angst beherrschen sie so, daß sie nichts essen und trinken kann. Schlaflos wälzt sie sich lange Zeit auf ihrem Lager, dann aber empfängt sie sanft der Schlummer und erlöst sie für einige Stunden von ihrem Kummer.

Die Göttin Athene aber erbarmt sich der gepeinigten Frau und schickt ihr einen Traum, der sie wieder aufrichten wird. In Gestalt von Penelopes Schwester Iphthine schwebt ein Traumbild in das Gemach der Schlafenden, neigt sich über das Haupt Penelopes und spricht zu ihr:

«Wahrlich, sie wollen es nicht, die seligen Götter des Himmels, daß du weinst und trauerst. Denn wiederkehren zur Heimat soll dein Sohn. Er hat sich gegen die Götter nichts zuschulden kommen lassen!»

Zuerst zweifelt die träumende Penelope noch an der Zuverlässigkeit des Traums. Wieso denn gerade die fern wohnende Schwester, die sie so lange schon nicht mehr besucht habe, ihr diese Botschaft überbringe? Allzu hart habe das Schicksal ihr mitgespielt: Der Verlust des geliebten Mannes, die heimliche Abreise des noch unmündigen Sohnes, die Gefahren, die ihm auf dem Meer und von den Freiern drohten – bestimmt werde der Tod ihn ereilen, bevor er nach Ithaka zurückgekehrt sei.

Doch die Traumgestalt der Schwester versteht es, besänftigend auf Penelope einzuwirken. Telemach habe nichts zu befürchten, denn Athene selbst halte schützend die Hand über ihn. Sie sei es auch, die mächtige Göttin, «die mich jetzt sendet, um dir solches zu verkünden».

Penelope faßt Zutrauen. Und sie nutzt die Gunst der Wahrheit verheißenden Traumstunde, um sich nach dem Schicksal des vermißten Odysseus zu erkundigen. Ob er noch das Licht der Sonne schaue oder schon in der dunklen Welt der Schatten lebe?

Darauf jedoch weiß die Traumgestalt keine Antwort. Das sagt sie Penelope auch ohne Umschweife – und verschwindet durch das Schloß der Tür in sanft wehende Lüfte.

Penelope aber erwacht und fühlt sich getröstet. Sie weiß

jetzt, daß zumindest Telemach gesund von seiner Suchmission zurückkehren wird. Denn sie hegt keinen Zweifel daran, daß sie einen Wahrheit verkündenden Traum geträumt hat.

Quelle: Homer, Odyssee IV 795–842.

Die Gänse und der Adler – Penelopes zweiter Traum

Odysseus ist nach Ithaka zurückgekehrt. Aber er gibt sich noch nicht zu erkennen. Als Bettler verkleidet, wird er von den übermütigen Freiern verspottet und verhöhnt. Penelope aber nimmt den Fremden gastfreundlich auf. Auch während eines langen Gesprächs merkt sie nicht, wen sie vor sich hat. Die Legende, mit der Odysseus seine wahre Identität verschleiert, wirkt überzeugend; sie macht seinem Ruf als «Listenreicher» alle Ehre.

Im Laufe der Unterhaltung kommen sie auch auf das Schicksal des Odysseus zu sprechen. Der vermeintliche Bettler erzählt von einer Begegnung mit dem Vermißten auf Kreta. Er tröstet Penelope, die ihm ihren tiefen Kummer offen schildert, und gibt sich ganz sicher: Eines Tages *werde* Odysseus wieder auftauchen.

Überzeugen kann er Penelope damit nicht. Aber sie faßt immer größeres Zutrauen zu dem Fremden und berichtet ihm schließlich von einem merkwürdigen Traum, den sie kurz zuvor gehabt habe:

Zwanzig Gänse habe sie in ihrem Haus, und sie freue sich jedesmal an deren Anblick. Im Traum aber kam plötzlich ein großer Adler vom Gebirge herab und brach den Gänsen den Hals. Tot lagen sie überall im Hause, während der Adler sich wieder in die Lüfte schwang.

Ein regelrechter Alptraum, der sie während des Schlafes

schluchzen und weinen ließ. Während sie über den Verlust der Tiere wehklagte, flog unversehens der Adler wieder herbei, setzte sich auf den Kaminsims und sprach mit menschlicher Stimme zu ihr: Nicht jammern solle sie über den Traum, sondern sich darüber freuen. Denn es sei kein gewöhnlicher, sondern ein Glück verheißender Traum: «Die Gänse sind die Freier, und ich war eben ein Adler.» Der das sagte, erschien ihr plötzlich als ihr lange verschollener Ehemann Odysseus. «Jetzt bin ich, dein Gatte, wiedergekommen, um all den Freiern ein schreckliches Ende zu bereiten.»

Als Penelope aufwachte, habe ihr erster Blick den Gänsen gegolten. Dort habe sich jedoch nichts Ungewöhnliches ergeben. Sie seien wie üblich damit beschäftigt gewesen, Weizenkörner aus ihrem Trog zu picken.

Wie ihr Gast den Traum deute, hat Penelope schon vor Beginn ihrer Erzählung gefragt. Und der gibt ihr eine unmißverständliche Interpretation: Odysseus selbst habe ihr ja die Lösung des Traumrätsels noch im Traume verraten. Daher wäre es verfehlt, nach einer anderen Deutung zu forschen. Der Traum werde so in Erfüllung gehen, wie es der «Adler» prophezeit habe.

Penelope bleibt indes skeptisch. Es gebe doch dunkle und unerklärliche Träume, wendet sie ein, die den Menschen keineswegs alles künftige Schicksal verhießen. Je nach der Pforte, aus der sie herauskämen, sei ihre Zuverlässigkeit zu beurteilen. Träume, die aus einer elfenbeinernen Pforte träten, seien trügerische Gebilde; wahre Träume dagegen die, die aus einer Pforte aus glattem Horn träten. Woher aber *ihr* Traum von den Gänsen und dem Adler gekommen sei, das wisse sie nicht zu sagen. Und am nächsten Tage drohe der Wettkampf unter den Freiern, dessen Ausgang darüber entscheiden werde, wen sie als neuen Gemahl erhalte. Ob diese entsetzliche Aussicht ihr vielleicht einen Wunschtraum eingegeben habe?

Odysseus spricht ihr Mut zu. Sie solle den Wettkampf zuversichtlich anordnen. Eher noch werde der Besitzer wiederkommen, bevor es einem Freier gelinge, den Bogen des Odysseus zu spannen. Daraufhin verabschieden sich die beiden für die Nacht.

Der nächste Tag schon wird Penelopes Traum als wahr erweisen: Der Adler wird die Gänse erbarmungslos zur Strecke bringen.

Quelle: Homer, Odyssee XIX 535–570.

«Mißachtet bin ich ganz von euch, weil ich gemordet» – Der Rachegöttinnen Traum

«Eumeniden», «die Gnädigen», nannte man sie, um sie zu beschwichtigen und es sich selbst zu ersparen, ihren eigentlichen Namen auszusprechen: «Erinnyen», «Rachegöttinnen». Von ihrem grausigen Tagwerk erschöpft, haben sie sich im Tempel des delphischen Apollo zum Schlafen gelegt. Der Schatten Klytämnestras aber ist ruhelos. Sie sinnt auf Rache – Rache an ihrem Sohn Orest, der sie getötet hat. Sie, seine Mutter, die zuvor am Mordkomplott gegen ihren Mann Agamemnon, den Vater des Orest, beteiligt gewesen war und die dessen Konkubine eigenhändig umgebracht hatte.

Klytämnestra erträgt es nicht, wie sich die Rachegöttinnen da untätig zur Ruhe gelegt haben. Sie erscheint daher den Eumeniden im Schlaf und beklagt sich bitter. Keine Beachtung schenke man ihr, kein Gott sei zu ihren Gunsten erzürnt – obwohl die Hände eines Muttermörders sie umgebracht hätten. Habe sie als Mörderin keinen Anspruch auf Rache? Schmachvoll irre ihr Schatten umher, und alle ihre Mühen, den Rachegöttinnen zu huldigen, würden mit Mißachtung vergolten. «Menschen jagen ist doch euer Los», fährt sie die Träumenden an, aber nichts geschehe: Der Mörder Orest sei ihren Fängen entflohen. Hohnlachend schaue er auf die trägen Erinnyen herab.

Der Appell hat Erfolg. Das Stöhnen der träumenden Eumeniden verrät Klytämnestra, daß ihre Worte Eindruck gemacht haben. Ihre Beschuldigungen werden härter, ihr warnendes Drängen, den Muttermörder nicht straflos ausgehen zu lassen, energischer: «Faß ihn! Faß ihn!», heulen die Eumeniden im Schlaf auf. Und immer noch gibt Klytämnestra keine Ruhe. Weiter hetzt sie die «pflichtvergessenen» Rachegöttinnen gegen ihren Sohn auf: «Auf! Deines Mundes jähen Bluthauch stürm ihm nach, hindörr in Glut ihn, in der Eingeweide Brand, nach jag ihm, hetz in wiederholter Jagd ihn tot!»

Das Crescendo der Hetzrede reißt die Eumeniden endgültig aus dem Schlaf. Aufgepeitscht durch die bitteren Anschuldigungen der Mörderin, sind sie entschlossen, den Mörder zur Strecke zu bringen. Auch der Schutz Apollos soll ihm nichts nützen: «Den Muttermörder stahlst du uns, und bist ein Gott?! Wer sagte, das sei gerecht getan?»

Quelle: Aischylos, Eumeniden 94–178.

«Jetzt ist genug für die Heimat getan ...» – Die Katastrophe Trojas im Traum des Aeneas

Tiefe Nacht hat sich über Troja gelegt. Die Verteidiger der Festung sammeln im Schlaf neue Kräfte. Sie ahnen nicht, daß sich das Schicksal ihrer Stadt in dieser Nacht entscheiden wird. Ohne es zu wissen, haben sie sich das Verderben im zehnten Kriegsjahr selbst in die Stadt geholt. Gerade sind griechische Krieger dabei, aus dem Bauch des Hölzernen Pferdes zu klettern und ihren Landsleuten die Stadttore zu öffnen.

Auch Aeneas hat sich dem erquickenden Schlaf hingegeben. Es ist um Mitternacht, als ihm die Gestalt des toten Hektor im Traum erscheint: ein schrecklicher Anblick, wie er niedergeschlagen und tieftraurig vor ihn tritt, vor Schmutz und Staub starrend, blutverkrustet und von Wunden bedeckt, mit aufgeschwollenen Füßen – so wie Achill den Leichnam um die Stadt geschleift hat. Schockiert spricht Aeneas die grauenvolle Gestalt an: Warum nach all dem Leid, nach all den Verdiensten Hektors für die Stadt ein so tränenüberströmtes Gesicht, warum all die ungesäuberten Wunden? Warum nicht ein Hektor mit heiterem Antlitz, ein stolzer Held, wie er einst in seiner Rüstung prunkte?

Doch Hektor antwortet nichts darauf. Er seufzt nur schwer auf und fordert Aeneas dann eindringlich auf zu fliehen: Alles sei verloren, der Feind stehe auf den Mauern, Troja brenne bereits. «Jetzt ist genug für die Heimat getan!» Jetzt gelte es für Aeneas, sich den Flammen zu entreißen und das Heiligste, die Penaten Trojas, zu retten. Sie vertrauen Troja ihm an, für sie solle er eine neue Heimat finden – nach langen Irrfahrten, jenseits des Meeres. Danach ein rascher Schauplatzwechsel: Hektor eilt in den Vestatempel und trägt die Kultstatue zusammen mit dem ewigen Feuer der Vesta heraus und übergibt sie Aeneas.

Der wird durch Waffengeklirr jäh aus dem Schlaf gerissen. Er stürzt hoch zum Giebel des Hauses, um sich ein Bild von der Situation zu machen. *Ein* Blick genügt: Troja steht in Flammen! Der Traum hat ihn nicht getrogen. Das einzige, das er für die Zukunft seiner Heimat noch tun kann, ist der Mahnung Hektors zu folgen und seinen Auftrag zu erfüllen.

Quelle: Vergil, Aeneis II 268–302.

«Jupiter versagt dir Kretas Gefilde» – Götterbilder erwachen nachts zum Leben

Mit knapper Not aus dem Flammenmeer Trojas entronnen, haben sich die überlebenden Trojaner unter der Führung des Aeneas und seines greisen Vaters Anchises nach Kreta durchgeschlagen. Dort lassen sie sich nieder und beginnen, eine Stadt aufzubauen. Der Neuanfang scheint geschafft. Aber schon bald bricht eine verheerende Seuche aus, die viele dahinrafft. Wer ihr nicht erliegt, muß infolge einer Dürre Hunger leiden. All das nährt allmählich die Zweifel daran, ob Kreta wirklich die den Trojanern vorbestimmte neue Heimat sei. Man denkt darüber nach, Delos noch einmal aufzusuchen und Apollo erneut um Rat zu fragen.

Da erscheinen in einer Nacht die Penaten Aeneas im Traum. Die kleinen tragbaren Götterbilder, die er als Unterpfand für eine bessere Zukunft aus dem brennenden Troja gerettet hat, erwachen plötzlich zum Leben. Zum Greifen nahe stehen sie vor dem schlafenden Aeneas. Strahlende Helle umgibt sie, gespendet vom Vollmond, dessen Licht durch eine Öffnung in der Wand ins Schlafgemach flutet. Mit ruhiger, fester Stimme wirken sie auf den sorgenvollen Aeneas ein: Begleiter seien sie den Trojanern auf ihrem bisherigen Wege von Troja nach Kreta gewesen, Begleiter würden sie ihnen auch auf dem weiteren Wege sein. Und sie würden der neuen Stadt der Trojaner Macht verleihen, würden dereinst ihre Enkel zu den Sternen erheben. Kreta aber sei *nicht* das verheißene Land, von dem aus ein neues Troja einmal seine Herrschaft über die Welt ausüben werde. Es gebe ein fernes Land, das der Grieche «Hesperien» nenne, uralt, waffengewaltig und fruchtbar: Italien. Von dort her stamme Dardanus, der Urahn der Trojaner. In dessen Urheimat solle Aeneas nun mit den Gefährten zurückkehren: «Kein Zweifel ist hier erlaubt... Es versagt dir Jupiter Kretas Gefilde.»

Die Traumgestalten entschwinden, Aeneas wird wach, in Schweiß gebadet und tief beeindruckt von der göttlichen Erscheinung. Noch meint er, die Gestalten leibhaftig mit ihren Gesichtszügen und ihrem verhüllten Haar zu erkennen, wie sie zum Greifen nahe bei ihm stehen – kein Traum, sondern Wirklichkeit. Dann aber begreift er, was geschehen ist. Es *war* ein Traum, aber ein von hilfreichen Göttern gesandter. Rasch springt er vom Lager auf, streckt betend die Hände zum Himmel empor und bringt ein Dankopfer dar.

Darauf geht er zu Anchises und schildert ihm seinen Traum. Der greise Vater erkennt: Die Gestalt gewordenen Penaten haben die Wahrheit gesprochen. Hesperien sei eben das Land gewesen, das schon die Seherin Kassandra als Bestimmung der Trojaner mehrfach erwähnt habe. Man dürfe nicht zögern, sondern müsse Kreta verlassen.

Alle gehorchen freudig der Entscheidung des Anchises. Mit prallen Segeln sticht die Flotte der Trojaner wieder in See – mit Kurs auf das gelobte Land Hesperien. Mit an Bord sind die Penaten – jetzt wieder als schlichte Götterbilder; denn ihren Traumauftrag haben sie erfolgreich erfüllt.

Quelle: Vergil, Aeneis III 147–178.

«Auf Jupiters Befehl komme ich hierher» – Besuch aus dem Elysium

Die überlebenden Trojaner sind auf Sizilien gelandet. Dort stirbt Anchises an Altersschwäche. Und die Frauen versuchen, müde von der langen Irrfahrt und von Juno aufgehetzt, die Flotte in Brand zu stecken. Sie wollen nicht mehr weiter. Aber Jupiter greift noch rechtzeitig mit einem Wolkenbruch ein; nur vier Schiffe fallen so dem Flammenattentat zum Opfer.

Doch auch Aeneas ist verzagt. Soll man nicht doch auf Sizilien bleiben? Wird es sonst jemals ein Ende der Mühen geben? Der schicksalskundige Nautes rät zu einem Kompromiß: Alle, die der Meerfahrt überdrüssig seien, vor allem Greise und Frauen, sollen auf Sizilien bleiben und sich unter der Obhut des Acestes in einer neuen Stadt ansiedeln. Die anderen aber sollen zu den Gestaden Hesperiens weiterfahren.

Noch ist Aeneas unschlüssig, ob er dem Rat des Nautes folgen soll. Da erscheint ihm in tiefer Nacht sein Vater Anchises im Traum. Auf Jupiters Befehl komme er zu seinem geliebten Sohn, eröffnet er ihm. Der Göttervater wolle, daß Aeneas den Plan des Nautes in die Tat umsetze. Für den bevorstehenden Kampf mit den wilden Bewohnern Latiums brauche er eine auserlesene, junge Mannschaft. Zuvor aber, ehe es zum Entscheidungskampf in Latium komme, solle sich Aeneas in die Unterwelt führen lassen und ihn dort besuchen – nicht im düsteren Tartarus, sondern im strahlenden Elysium. Dort sei er zu Hause.

Dann aber heißt es Abschied nehmen. Schon naht der Morgen umbarmherzig – Zeit für die Traumgestalt, in die Lüfte zu entschweben.

«Wohin stürzt du fort?», klagt Aeneas, «wer wehrt es dir, mich zu umarmen?» Doch die Klage des erwachenden Aeneas hält den Vater nicht zurück. Der fromme Held bringt den Familiengottheiten unverzüglich ein Opfer dar – ganz so, wie er es nach dem Traumerlebnis der lebendig gewordenen Penaten getan hat.

Der Traum dieser Nacht hat die Entscheidung gebracht. Aeneas ist entschlossen, dem Rat des Nautes zu entsprechen. Eine neue Stadt wird gegründet, und nach zehn Tagen ist es soweit: Unter großem Wehklagen und vielen Tränen wird Abschied genommen: Die waffenfähige Mannschaft der Trojaner sticht erneut in See – wie es Schicksal und Traum befohlen haben.

Quelle: Vergil, Aeneis V 720–740.

«Schwiegersöhne, die unseren Namen zu den Sternen tragen» – Das Traumorakel des Latinus

Noch sind die Trojaner nicht in Latium gelandet, da wird ihr Kommen von einem Seher geweissagt. Damit steht eine Hochzeit wieder in Frage, die fast schon beschlossene Sache war: Der junge Rutulerfürst Turnus soll Lavinia, die Tochter des schon bejahrten Latiner-Königs Latinus, zur Frau erhalten. Wunderzeichen ergänzen die Weissagung. Latinus wird unsicher. Er zieht sich in den Hain seines Vaters Faunus zurück. Dort will er nach einem reichen Opfer ein Orakel im Schlaf erhalten. Wie stets in unsicherer Zeit bei seinem Volke üblich, erhofft auch er, den Willen der Götter im Traum zu erfahren.

Hundert Schafe bringt er der Gottheit als Opfer dar, dann bettet er sich hoch auf den Fellen geschlachteter Schafe und fällt in den Schlaf. Er wird nicht enttäuscht.

Plötzlich ertönt im hohen Hain die Stimme seines Vaters Faunus: «Trachte nicht danach, deine Tochter Latinern zur Frau zu geben», warnt er ihn, «Schwiegersöhne werden von fern kommen, um mit ihrem Blut unseren Namen zu den Sternen zu tragen!» Aus dieser Vereinigung werde dereinst ein die Welt beherrschendes Volk hervorgehen, prophezeit die Traumgestalt des Faunus, bevor sie wieder entflieht.

Latinus ist sich sicher: Er muß dem Traumorakel gehorchen. Er weiß nun, daß auch er und sein Volk die ihnen zugedachte Rolle im göttlichen Heilsplan zu erfüllen haben. Und er zögert nicht, die Traumweissagung seinem Volk bekanntzumachen. Lavinia ist jetzt dem noch fremden Anführer eines fremden Geschlechtes zugedacht – auch in Latium hat das Fatum die Weichen gestellt, noch ehe ein Trojaner den Fuß auf den Boden seiner künftigen Heimat gesetzt hat.

Quelle: Vergil, Aeneis VII 81–105.

«Waffen!, brüllt er im Wahn» – Der Furien-Traum des Turnus

Die Trojaner sind in Latium, der ihnen verheißenen neuen Heimat, gelandet. Juno aber gibt ihren Groll gegenüber Aeneas und seinen Gefährten noch nicht auf. Ein letztes Mal versucht sie, die Trojaner ins Unglück zu stürzen. Aufgrund der freundlichen Haltung des Latinus gegenüber den Heimatlosen zeichnet sich ein friedliches Zusammenleben zwischen den alten und neuen Bewohnern Latiums ab. Als menschliches Mittel, um einen Keil zwischen die beiden Gruppen zu treiben, sucht sich Juno den Rutuler-Fürsten Turnus aus: Der designierte Schwiegersohn des Latinus kann nur verlieren, wenn die Trojaner mit offenen Armen aufgenommen werden.

Als Überbringerin ihrer nächtlichen Botschaft wählt sich Juno die Furie Allecto aus. Die tritt zunächst getarnt in Erscheinung: In der Gestalt der alten, häßlichen Juno-Priesterin Kalybe erscheint sie Turnus im Traum. Ob er kampflos auf seine künftige Herrschaft verzichten, sie feige an die trojanischen Siedler abtreten werde, provoziert sie ihn. Ob er nicht merke, wie sehr er sich zum Gespött mache, wenn er sich seine Braut Lavinia wieder wegnehmen lasse? *Seine* Mission sei es, sich den Trojanern entgegenzustellen und sie mitsamt ihren Schiffen zu vernichten. «Das ist der Befehl der allmächtigen Juno!», herrscht sie ihn an.

Die Traumerscheinung der Kalybe verfehlt ihr Ziel. Rutulus nimmt die alte Priesterin nicht ernst. Er vertraue darauf, daß Juno ihn nicht im Stich lassen werde, erwidert er ihr. Was er aber nicht gebrauchen könne, sei die Einmischung einer von Altweiberängsten beherrschten alten Vettel in Männerangelegenheiten. Sie solle weiterhin hübsch auf ihren Tempel und die Götterbilder achtgeben, höhnt er, Krieg und Frieden aber den Männern überlassen.

Das ist zuviel für Allecto. Urplötzlich gibt sie ihre Tarnung auf und wächst zu ihrer furchterregenden, von Schlangen umwundenen Riesengestalt empor. Ihre flammenden Blicke treffen den Träumenden, die klatschende Geißel und die Schlangenhaare lassen ihn erstarren, noch während er die letzten Worte spricht. Die grauenvolle Gestalt der vor Zorn rasenden Furie macht ihn bewegungsunfähig. *So* stumpf und *so* alt sei sie, wie sie ihm jetzt gegenübertrete, fährt Allecto den Rutuler-Fürsten an. Und dann gibt sie sich als eine der höllischen Schwestern zu erkennen, die Krieg und Tod in ihrer Hand tragen. Unter gräßlichem Zischen stößt sie ihm schließlich die brennende Fackel in die Brust.

Die Wirkung ihres Auftritts könnte durchschlagender nicht sein. Turnus erwacht angsterfüllt und in Schweiß gebadet aus dem Alptraum auf. Aber auch außer sich vor Wut. «Waffen!», brüllt er in seinem Wahn, sucht nach Waffen auf seinem Lager, um dann aufzuspringen und überall im Palast nach dem mörderischen Stahl zu suchen, den er den trojanischen Feinden in die Brust zu stoßen jetzt fest entschlossen ist.

Der Furien-Traum hat die Entscheidung gebracht: Turnus wird sich als Werkzeug Junos den Trojanern entgegenstemmen. Ein blutiges Kriegsringen wird entscheiden, ob der Traum des Rutuler-Fürsten das Traumorakel des Latinus ins Wanken bringen kann. Der Dramatik der zugespitzten Situation entspricht die nicht minder dramatische Gegenüberstellung zweier Traumvisionen. Wobei die Furie Allecto Rutulus allerdings mit keinem Wort in Aussicht gestellt hat, daß *er* den Krieg gewinnen werde.

Quelle: Vergil, Aeneis VII 413–461.

«Hier ist die Heimat dir sicher» – Des Tibers Verheißung

Turnus hat den Krieg gegen die Trojaner entfesselt. Eine Reihe von Stämmen leistet ihm Hilfe. Und im Lager der Neuankömmlinge fragt man sich kummervoll, wie es weitergehen soll.

Aeneas, der die Verantwortung für seine Mannschaft trägt, blickt voller Sorge in die Zukunft. Er ist sich nicht mehr so sicher, daß es richtig war, in Latium an Land zu gehen. Was wäre, wenn die Trojaner sich der feindlichen Übermacht beugten und den Entschluß faßten, Latium wieder zu verlassen ...? Immer wieder geht Aeneas das Für und Wider aller möglichen Optionen durch. Erst spät in der Nacht findet er Ruhe. Der Schlaf erlöst ihn von seinen quälenden Sorgen.

Eine Zeitlang hat er geschlafen, da erscheint ihm im Traume die Gestalt eines gütigen Alten. Sein Haar ist von schattenspendendem Schilfrohr bedeckt, wie er da plötzlich dem ruhig dahinfließenden Tiber entsteigt: Es ist Tiberinus, der Flußgott selbst, ein patriarchalisch-huldvoller Genius loci, der sich des bekümmerten trojanischen Helden mit väterlicher Freundlichkeit annimmt.

Seine Sorgen und Zweifel seien unnötig, macht er Aeneas Mut. Er solle nicht mit dem Gedanken spielen, Latium wieder zu verlassen: «Hier ist die Heimat dir sicher!» Und als Zeichen dafür, daß ihn kein trügerisches Traumgesicht narre, werde er auf eine gewaltige Wildsau stoßen, die gerade dreißig Frischlinge geworfen habe. An dem Orte werde Ascanius drei Jahrzehnte später Alba gründen. Dann wendet sich Tiberinus wieder der Gegenwart zu. Was den bevorstehenden Krieg angehe, solle Aeneas sich nach Pallanteum begeben, einer Stadt, die nach Italien versprengte Arkader unter Führung ihres Königs Euander gegründet hätten. Euander und sein Volk, die auf dem Aventinischen Hügel auf dem Boden des späteren Rom siedelten, solle er sich zu Bundesgenossen machen. Juno aber müsse er durch Gebete und Demutsgesten versöhnen – dann werde ihr Grollen und Drohen endlich vorbei sein. Am Ende seiner aufmunternden Rede stellt Tiberinus sich selbst als «den bläulichen Tiber» vor, «der mit der Fülle des Stroms die Ufer entlang streicht und fruchtbare Felder durchschneidet». Der Willkommensgruß des Genius loci kann einladender nicht ausfallen.

Aeneas erwacht. Das erste, was er an diesem Morgen unternimmt, ist ein Bitt- und Dankgebet an die göttliche Macht des Tiberinus, die ihm im Traum erschienen ist. Mit der hohlen Hand schöpft er Wasser aus dem Fluß, hält es hoch und fleht Tiberinus um Unterstützung an.

Dann bricht er mit zwei Schiffen in Richtung Pallanteum auf. Plötzlich aber bietet sich den Trojanern ein seltenes Naturschauspiel: Schimmernd im Wald erblicken sie eine weiße Wildsau mit dreißig Jungen. Aeneas bringt sie Juno als Opfer dar – und darf hoffen, daß auch die anderen Zusagen des Tiberinus in Erfüllung gehen werden.

Der Held kann aufatmen. Zwar liegen noch weitere Mühen vor ihm und seinen Gefährten. Aber der Traum der vergangenen Nacht läßt es ihm zur Gewißheit werden: Wenn der mächtige Tiber, der Nährer Latiums, ihn zum Bleiben auffordert und ihn seiner Unterstützung gegen die Latiner versichert, dann hat er die neue Heimat erreicht, die ihm vor der Kulisse des brennenden Troja geweissagt worden ist. Seine geschichtliche Mission wird bald erfüllt sein.

Quelle: Vergil, Aeneis VIII 26–67.

«Mit der Ehe hat sich auch dein Glück geändert» – Pompejus' nächtliche Vorahnung seiner Bürgerkriegs-Katastrophe

Caesar hat mit seinen Legionen Italien fest im Griff. Pompejus, sein Rivale um die Macht im Staate, muß zunächst mit seinen Anhängern fliehen. Die Entscheidungsschlacht im Bürgerkrieg wird sich außerhalb Italiens ereignen. Als seine Flotte in See sticht, kann Pompejus lange Zeit den

Blick nicht vom Festland lösen, das allmählich kleiner wird und verschwimmt. Er ahnt wohl, daß er Italien nie wieder sehen wird.

Als kaum noch etwas von der Heimat zu sehen ist, sinkt Pompejus ermattet in den Schlaf. Es wird für ihn eine schlimme, von Alpträumen heimgesuchte Nacht. Im Mittelpunkt des nächtlichen Traumschauders steht Julia. Pompejus hatte sie, die Tochter Caesars, im Jahre 60 v. Chr. geheiratet. Damit war das politische Bündnis zwischen den beiden ehrgeizigen Männern auf eine feste persönliche Grundlage gestellt worden, die mit dem Tode Julias im Jahre 54 abzubröckeln begann.

In dieser Nacht nun, da Pompejus Italien für immer verläßt, erscheint ihm seine frühere Frau im Traum. Ein deprimierender Anblick: Gramvoll und wütend zugleich macht sie ihm heftige Vorwürfe. «Furiengleich und auf brennendem Holzstoß stehend», beklagt sie, mit Beginn des Bürgerkrieges zwischen ihrem Vater und ihrem Ehemann aus der Ruhe des Elysiums vertrieben und in wahres Höllendunkel verstoßen worden zu sein. Dort, in der Unterwelt, rüste man für die bevorstehende «Ernte» im brudermörderischen Ringen: Zahllose Nachen stelle der Unterweltsfährmann bereit, der Tartarus werde für ganze Scharen von Büßern erweitert, und die Parzen könnten ihre Arbeit kaum bewältigen: Sie kämen mit dem Abschneiden der Lebensfäden kaum nach seit dem Ausbruch des Bürgerkriegs.

Wie froh und erfolgreich sei doch das Leben des Pompejus gewesen, solange *sie* lebte! Welch stolze Triumphzüge habe er angeführt! Jetzt aber, da sich «die Kebse» Cornelia, Pompejus' jetzige Frau, in ihre Ehe hineingedrängt habe – ihre, Julias, Asche sei damals noch nicht kalt gewesen! –, habe sich das Glück des Pompejus gewandelt. Die Frau sei ein Fluch des Schicksals, bringe nur Unglück über ihre Männer!

Das Weib könne sich aber noch so eng an ihn klammern – die Nächte würden *ihr,* Julia, gehören: Sie werde ihm in seinen Träumen auch nach Griechenland folgen: «Nie wird mein Schatten dir erlauben, dich als Caesars Schwiegersohn zu verleugnen! Gerade der Bürgerkrieg wird dich zu meinem Eigentum machen!» Mit dieser Drohung entschwindet die Traumgestalt.

Pompejus wacht völlig verstört auf. Aber sehr schnell ist klar: Er wird sich dem nächtlichen Diktat gaukelnder Traumgesichter nicht beugen. «Warum soll ich mich von einem wesenlosen Traumbild schrecken lassen?! Entweder bleibt der Seele nach dem Tod nichts an Bewußtsein übrig, oder der Tod ist selbst ein Nichts!», ruft er trotzig aus und schüttelt den Alp ab. Er will ihn als Vorahnung seines künftigen Schicksals nicht wahrhaben.

Begünstigt wird seine Standhaftigkeit durch die Darstellung Julias, die er bei klarem Bewußtsein als tendenziös erkennt: Die großen Erfolge seiner Karriere lagen nämlich *vor* seiner Ehe mit Julia, und auch die «Kebse» Cornelia kann *so* für seine gegenwärtige Situation nicht verantwortlich sein: Er hat Cornelia erst zwei Jahre nach dem Tode Julias geheiratet.

Ob der Traum ihm aber vielleicht eine «höhere» Wahrheit vermitteln will als das «historisch» korrekte Nachdenken im Wachzustand – diese Frage stellt sich Pompejus nicht.

Quelle: Lucan, Pharsalia III 8–40.

«Da wurden alle Schwerter ihm zum Alpdruck» – Der Horror-Traum des Siegers Caesar

Im Sommer des Jahres 48 v. Chr. kommt es zur Entscheidungsschlacht im Bürgerkrieg zwischen Caesar und Pompejus. Schauplatz des erbitterten Kampfes ist Pharsalos, eine Stadt im griechischen Thessalien. Die Truppen Caesars tragen den Sieg davon. Ohne Rücksicht und Pietät gegenüber den Leichen der Besiegten plündern sie alles, was sie auf dem Schlachtfeld und im Lager der Gegenseite an Wertgegenständen finden. Anschließend fallen sie erschöpft in den Schlaf.

Ruhe aber finden die Sieger nicht. Sie werden von nächtlichen Horrorvisionen heimgesucht, die sie das Grauen der Schlacht ein zweites Mal erleben lassen. Qualvoll kreisen ihre wilden Träume um das gräßliche Kampfgeschehen. Der Gedanke an Waffen beherrscht ihre Sinne; noch im Schlaf zucken ihre Hände, als wollten sie Schwerthiebe austeilen. Das Stöhnen der Verletzten und Sterbenden dringt in ihre Ohren, die pestverseuchte Todesluft des blutgetränkten Erdreiches scheint ihnen den Atem zu nehmen, zischende Schlangen und lodernde Fackeln rufen ihnen die Hölle des Gemetzels in Erinnerung. Die Phantome erschlagener und durchbohrter Landsleute treten anklagend an ihr Lager – römische Bürger wie sie, die sie erbarmungslos umgebracht haben. Die eigenen Brüder klagen sie wortlos an, die eigenen Väter – ein entsetzlicher Alpdruck lastet in dieser Nacht auf den Siegern.

Die schrecklichsten Visionen aber peinigen den, den die Schlacht von Pharsalos zum mächtigsten Mann des Römischen Reiches gemacht hat: Caesar sieht sich in dieser Nacht von allen Ungeheuern des Hades gepeitscht; ihm stehen *alle* Schwerter vor Augen, die im Schlachtengetümmel gezückt worden sind; ihn bedrängt ein Alpdruck geradezu apokalyptischen Ausmaßes: die Totengeister, der Styxstrom und der Tartarus selbst verbünden sich zu einer übermächtigen Koalition, unter deren Druck das Gewissen des Siegers gepeinigt wird wie noch nie.

Kaum aber sind die Qualen der Alpträume am nächsten Morgen überstanden, da hält den siegreichen Feldherrn nichts davon ab, das grauenvolle Schlachtfeld von Pharsalos ausgiebig zu inspizieren – so jedenfalls in der Darstellung Lucans, der in seinem Bürgerkriegs-Epos «Pharsalia» keinen Hehl daraus macht, daß *er* kein Anhänger des Siegers ist.

Quelle: Lucan, Pharsalia VII 764–794.

Träume, die heilen – Das Geheimnis der Inkubation

Der berühmteste Kranke des Altertums und seine Träume

«Es bildete sich eine Geschwulst aus unbekanntem Anlaß, zuerst von der Art, wie sie auch bei irgend jemand sonst sich bilden mag, dann wuchs sie zu außerordentlicher Größe. Die Leistengegend war ganz voll (von Eiter oder Blut), und alles war aufgebläht. Auch waren schreckliche Schmerzen damit verbunden und mehrtägiges Fieber. Jetzt erhoben die Ärzte von allen Seiten ihre Stimmen, die einen, man solle schneiden, die anderen, man solle mit ätzenden Mitteln eingreifen, sonst müsse ich durchaus an innerer Vereiterung zugrunde gehen. Der Gott jedoch gab das entgegengesetzte Urteil ab: aushalten und die Geschwulst ausreifen lassen. Und natürlich gab es keine Wahl zwischen dem Gehorsam gegen die Ärzte oder gegen den Gott.

Die Geschwulst nahm noch bedeutend zu, und es war große Not. Von meinen Freunden bewunderten die einen meine Standhaftigkeit, die anderen machten mir Vorwürfe, weil ich alles zu sehr auf die Träume setzte. Einige aber beschuldigten mich sogar der Feigheit, weil ich mich weder dem Messer darböte noch auch Arzneien zuließe. Der Gott aber widerstrebte beständig, indem er befahl, das gegenwärtige Leiden zu ertragen, denn es sei gewiß zum Heil. (...)

Zum Schluß aber machte der Heiland in derselben Nacht mir und meinem Erzieher ... dieselbe Eröffnung, so daß ich jenem einen Boten schickte, um ihm mitzuteilen, was der Gott gesagt habe, er selber aber diesem begegnete, um mir mitzuteilen, was er von dem Gotte vernommen hatte. Es war aber ein Heilmittel, an dessen einzelne Bestandteile ich mich nicht erinnere, außer daß Salz darunter war. Als wir es aufgestreut hatten, ging von der Geschwulst schnell das meiste ab, und mit Tagesanbruch waren die Freunde da, freudig und ungläubig zugleich. Von jetzt an hörten die Ärzte mit ihren Vorwürfen auf und erkannten in allen Einzelheiten voll Staunen die wunderbare Fürsorge des Gottes.»[1]

Der Gott, der sich mit dem Kranken in ständigem Traum-Kontakt befand und ihn schließlich von seinem Tumor-Leiden erlöste, war – natürlich – Asklepios. Die Römer nannten ihn Aesculap. Er galt, ein Sohn des auch für die Heilkunst zuständigen Apollo, im Altertum als *der* göttliche Heiler schlechthin. Er war der Schutzpatron der Ärzte, aber ihn rief auch der Kranke an, bei dem die Mediziner mit ihrer Kunst nicht mehr weiter wußten.

Einer, der eine ganz besonders intime Beziehung zu Asklepios «aufgebaut» hatte, war der Rhetor Aelius Aristeides, ein gebildeter, wohlhabender Aristokrat aus der römischen Provinz Asia, der im 2. Jh. n. Chr. lebte. Es gab kaum Zeiten im Leben des Aristeides, in denen er nicht an irgendeiner Krankheit litt – oder jedenfalls zu leiden glaubte. Daß er zum berühmtesten Kranken des Altertums wurde, verdankt er seinen *hieroi logoi,* «Heiligen Berichten», in denen er gewissenhaft über alle seine Leiden Buch führte – die erste pathologische Autobiographie der abendländischen Zivilisation.

«Heilig» waren diese Berichte deshalb, weil sie ganz im Zeichen eines unerschütterlichen Glaubens des Autors an die Traumheilungen durch seinen göttlichen Förderer und «Heiland» Asklepios standen. Woran er auch immer litt, er konnte sicher sein, daß Asklepios ihm im Traum Anweisungen schickte (*«his hot-line from Asklepios»,* merkt ein englischer Medizinhistoriker leicht ironisch dazu an[2]). Wobei diese Fürsorge, wie das zitierte Beispiel zeigt, nicht auf unmittelbar wirkende «Wunder» und sofortige Hilfe hinauslief, sondern durchaus eine mehrmonatige oder sogar mehrjährige Therapie-Begleitung sein konnte.

Eine eigentliche Konkurrenzsituation zwischen der rational begründeten, wissenschaftlichen Medizin der Ärzte – der «Schulmedizin», würde man heute sagen – und der irrationalen Medizin über subjektiv empfundene Traumeingebungen durch eine höhere Macht bestand dabei auch für Aelius Aristeides nicht. Die beiden Therapie-Ansätze schlossen einander nicht aus, sondern liefen parallel nebeneinander. Nur dann, wenn die Ratschläge der Ärzte einmal mit den Traum-Anweisungen ihres «Chefs» Asklepios kollidierten, kam es zum Konflikt. Für Aristeides war klar, daß er dann der Autorität des Gottes mehr vertrauen müsse – auch wenn die Mediziner ihre Stirn in Falten legten.

Kaum ein Mensch des Altertums dürfte so konsequent auf Traumheilung gesetzt haben wie Aristeides. Selbstredend war es Asklepios selbst, der ihn im Traum aufforderte, seine Träume aufzuschreiben.[3] Und zugleich Zeugnis darüber abzulegen, daß er – obwohl zeit seines Lebens leidend (und sicher auch ein begnadeter Hypochonder!) – mit dieser Methode gut gefahren war: Immerhin wurde Aelius Aristeides 63 Jahre alt – und damit rund doppelt so alt wie der Durchschnitt der Bevölkerung.

Ungewöhnlich an Aristeides war das Unbedingte und Exzessive seiner Einstellung; nicht aber die Tatsache, *daß* er auf irrationale Heilkräfte vertraute. Der Asklepios-Kult als zweite Säule neben dem traditionellen Heilsystem der Ärzte-Medizin war im Heilwesen des Altertums fest verankert. Wie Schriftsteller sich aufgrund eines Traumerlebnisses für ihren Beruf entschieden,[4] so auch Ärzte. Kein Geringerer als Galen, der berühmteste Mediziner der Antike, erhielt seine Berufung durch einen Traum,[5] und er schätzte Asklepios' Einfluß auf die Psyche der Patienten außerordentlich. Der psychosomatische Charakter vieler Krankheiten war ihm – wie vielen anderen Medizinern des Altertums – durchaus bewußt, und daß Asklepios gewissermaßen bei der Seele «ansetzte», um körperliche Störungen zu kurieren, rühmte er als dessen besondere Leistung in seinem Wirken als Psych-iater, als «Seelenarzt».

«Alternative» Medizin in Asklepios-Heiligtümern

Der individuelle Glaube an medizinische Traumbotschaften à la Aristeides war das eine, die institutionalisierte Form dieser Heilmethode das andere. Diese Institutionalisierung erfolgte – durchaus in Abstimmung mit der «Schulmedizin», keineswegs als Gegenprogramm oder Mißtrauensvotum – seit dem 5. Jh. v. Chr., und zwar in den Asklepios-Heiligtümern zunächst der griechischen, dann auch (seit dem 3. Jh. v. Chr.) der römischen Welt. Das führende Asklepios-Heiligtum war das von Epidauros. Dort wurde die irrationale Heilmethode der Inkubation gewissermaßen erfunden und gepflegt; von dort aus verbreitete sie sich über andere Asklepios-Heiligtümer, von denen die auf Kos, in Pergamon, Athen und Rom die bedeutendsten waren.

Das lateinische *incubare* bezeichnet zunächst allgemein das «Liegen auf etwas». Spezieller verstand man darunter das «sich Hinlegen» und «Schlafen» an einem heiligen Ort in der festen Absicht, vom göttlichen «Besitzer» dieses Ortes im Traum etwas über die Zukunft und vor allem seine Krankheit mitgeteilt zu bekommen. «Inkubation» wird gelegentlich auch als «Tempelschlaf» bezeichnet – etwas mißverständlich deshalb, weil ja nicht *jeder* Schlaf von Traumerlebnissen geprägt sein muß. Eben das aber war die Grundlage jeder Therapie an diesen heiligen Stätten: Die Patienten erhofften sich, von Asklepios Anweisungen zu erhalten, wie sie wieder gesund werden könnten, oder – noch besser – direkt von ihm während des Schlafes geheilt zu werden.

Zentren dieser «alternativen» Heilbehandlung waren die Asklepios-Heiligtümer – nicht ausschließliche, aber doch die führenden Kultorte der Inkubationsmedizin. Ihre Tradition gründete auf der im Laufe der Zeit gemachten Erfahrung, daß der Gott Lieblingsplätze habe, an denen er sich besonders häufig aufhalte und an denen deshalb der «Anrufungserfolg» am größten sei. An diese Kultstätten begaben sich «Pilger» nicht nur aus der nahen Umgebung, sondern, je etablierter und renommierter der Ort geworden war, auch aus der Region und schließlich weit darüber hinaus. Tage- und sogar wochenlange Anmarschwege waren keine Seltenheit. Epidauros und Kos sind – nicht nur in dieser Hinsicht – mit modernen Wallfahrtsorten durchaus vergleichbar.

Die Vorbereitung eines Heiltraumes

Meist gab für eine solche «Pilgerreise» die Tatsache den Ausschlag, daß die traditionelle Medizin mit ihren Behandlungsmethoden am Ende war. Der Leidensdruck von Kranken, die ihre Heilung nur noch von einem «Wunder» erwarteten, dürfte die entscheidende Motivation dafür gewesen sein, die Strapazen der Reise auf sich zu nehmen und sicher oft genug die letzten Ersparnisse dafür aufzuwenden. Der Aufenthalt im Tempelbezirk war allerdings, abgesehen von den normalen Kosten für Essen und Trinken, umsonst. Zulassungsgebühren, Eintrittsgelder und dergleichen kannte man nicht: Der Zutritt zu den Asklepios-Heiligtümern stand jedermann offen. Es gab keine sozialen Barrieren, keine alters- oder geschlechtsspezifischen Beschränkungen. Jung und alt, arm und reich waren dort gleichermaßen willkommen. Asklepios praktizierte keine Klassen-Medizin.

Wohl aber gab es Unterschiede, was den Wohnkomfort und Lebensstandard im Umfeld des Heiligtums angeht. Aristeides z. B. lebte in Pergamon eine Zeitlang in einer Wohngemeinschaft wohlhabender, kulturell interessierter, durchaus etwas hypochondrisch veranlagter Langzeitpatienten aus dem Kreis der *happy few*[6] – aber der Tempel-Bereich, in dem sich das eigentliche Traum- und Heilgeschehen ereignete, war für alle gleich. Männer und Frauen, Kinder und Alte schliefen dort gemeinsam auf einfachen Pritschen oder auf dem nackten Boden und erhofften sich die Epiphanie des «demokratischen» Heilgottes.

Wer das Heiligtum betreten hatte, brauchte sich auf das Traumerlebnis nur durch ein Bad und ein Opfer vorzubereiten. Besonders feierliche Rituale, eine spezielle asketische Lebensweise wie Fasten oder sexuelle Enthaltsamkeit oder andere aufwendige Einstimmungen waren an den meisten Kultorten nicht üblich. Viel entscheidender, um in Kontakt mit der Gottheit zu treten, war ein reines *Denken,* d. h. die mentale Vorbereitung auf die Inkubation und der feste Glaube an ihren Erfolg. Sicher schlenderten die Pilger am Ankunftstag und vielleicht auch noch an den folgenden Tagen aufmerksam durch das Heiligtum, sahen sich alles genau an, orientierten sich – und ließen sich von der Pracht der Kultstätte ebenso beeindrucken wie von den vielen Weihgeschenken und Votiv-Gaben, die die erfolgreiche Behandlung anderer Patienten-Generationen vor ihnen sinnfällig bezeugten.

So eingestimmt, gingen sie abends durch den Tempelbezirk, den sie am Tage kennengelernt hatten, in normaler Kleidung in das sog. *abaton,* den geweihten Raum, der direkt neben dem Tempel speziell für die Inkubation gebaut war – ein schlichtes, durch keinerlei pompöse Architektur auffallendes, ganz funktional auf den Tempelschlaf hin angelegtes Gebäude. Im *abaton* herrschte eine eher nüchterne Atmosphäre. Keine Spur von irgendwie geartetem mystischem «Brimborium»; statt dessen ein schlichter Schlafraum mit kahlen Wänden und Decken. Wenn sich die Patienten eingefunden hatten, wurden die Lichter gelöscht. Das Kultpersonal zog sich zurück. Erwartungsvolle Stille legte sich über den Saal.

Die Epiphanie des Heilgottes

Die Kranken schliefen ein oder versanken in einen tranceähnlichen Zustand zwischen Schlafen und Wachen. Und dann geschah es in vielen Fällen: Der Gott erschien ihnen – genauer gesagt: immer nur dem einzelnen –, nicht selten in Begleitung seiner heiligen Tiere, der Schlange oder des Hundes. Aus den Berichten, die die Patienten nachher von ihren Traumerlebnissen gaben, wissen wir, daß Asklepios sich ihnen in aller Regel so zeigte, wie sie ihn von seinen Statuen kannten: ein bärtiger, milder Mann in mittleren Jahren, der mit angenehmer, ruhiger Stimme sprach. Sein Lachen bisweilen zeigte seinen Sinn für Humor an – im ganzen alles andere als eine furchterregende, spukhafte Erscheinung, eher der Typ des bedächtigen, freundlichen Arztes, von dem man sich gern behandeln läßt.

Wie der Gott im Traum heilte, blieb seiner jeweiligen Entscheidung überlassen. Erstaunlich groß war die Zahl der Spontan-Heilungen: Nach dem Inkubationstraum verließen die so behandelten Patienten das *abaton* am Morgen völlig schmerz- und beschwerdefrei. Selbst Operationen führte Asklepios in der Nacht durch – nicht selten so riskante, daß sich die normalen Ärzte nicht daran gewagt hätten. Anderen gab er eine Arznei oder bestrich die kranken Körperteile mit einer schnell wirkenden Heil-Tinktur. Bei wieder anderen traten Schlange oder Hund des Gottes in Erscheinung. Sie beleckten die befallene Stelle des Körpers, und unmittelbar darauf war die Krankheit oder Anomalie verschwunden.

Anderen Patienten träumte, Asklepios verordne ihnen bestimmte Medikamente, die sie sich am nächsten Tage besorgen sollten, oder er erlege ihnen Heilkuren wie etwa eine Bädertherapie auf. Dabei waren die Träume in den meisten Fällen gänzlich unverschlüsselt und ganz klar zu verstehen. Die wenigen gewerbsmäßigen Traumdeuter, die am Rande der Asklepios-Heiligtümer ihre Interpretationsdienste anboten, bekamen nicht viel Arbeit. Der Gott bevorzugte offenbar Klartext.

Wenn jemand zu krank war, um selbst zum Heiligtum zu pilgern, konnte er einen Stellvertreter schicken. Auch dem wurde gelegentlich das Glück zuteil, von Asklepios einen konkreten Behandlungs- und Heilplan im Traume zu erhalten. Die Priester scheinen sich aus der Traumdeutung weitgehend herausgehalten zu haben. Der häufig geäußerte Verdacht jedenfalls, ein Großteil der Inkubationsträume sei fauler Zauber gewesen, hinter dem üble Machenschaften, Tricks, Hypnose-Betrug oder sogar heimliche Behandlung durch das Kultpersonal gestanden hätten, hat sich nicht erhärten lassen. Im Gegenteil: Bei den Ausgrabungen in Epidauros sind keinerlei medizinische Instrumente entdeckt worden, mit deren Hilfe etwaige Ärzte im Auftrag des Heiligtums den Träumen der Patienten etwas hätten nachhelfen können.

In Stein gemeißelt: Die Wunderheilungen von Epidauros

Woran den Priestern lag, war die Propagierung und Förderung des Ruhms, den der Gott und das Heiligtum in der griechisch-römischen Welt genossen. Daß sie entsprechender PR-Arbeit nicht abgeneigt waren, lassen sensationelle Inschriften-Funde vom Ende des letzten Jahrhunderts erkennen. In seinem Bericht über Epidauros erwähnt der Reiseschriftsteller Pausanias Inschriften-Stelen, die im heiligen Bezirk aufgestellt seien. Früher seien es noch mehr gewesen als die sechs, die er mit eigenen Augen gesehen habe, erzählt er und fährt fort: «Auf ihnen sind die Namen von Männern und Frauen verzeichnet, die von Asklepios geheilt wurden, und dazu die Krankheit, an der jeder litt, und wie er geheilt wurde. Geschrieben ist das in dorischem Dialekt.»[7]

Von eben diesen Stelen sind im Jahre 1883 vier von den Archäologen entdeckt worden, zwei davon völlig unversehrt. Sie enthalten Kurzberichte von insgesamt 66 «Wunderheilungen», sog. *iamata* («Heilungen»). In schlichtem Stil ohne rhetorische «Höhenflüge» verfaßt, waren sie für jedermann leicht verständlich. Daß sie auch auf Außenwirkung abzielten, ist offensichtlich. Wichtiger war den Redakteuren dieser Traumberichte aber wohl die Wirkung auf die Patienten, die im Heiligtum Heilung suchten. *Ihnen* mußte die Lektüre der *iamata* Hoffnung und Mut machen; *sie* wurden so in ihrem Glauben an die Wirksamkeit der Inkubationsmedizin bestärkt.

Man vermutet, daß es sich bei der Zusammenstellung dieser «Wunder»-Erzählungen um eine Redaktionsarbeit der Asklepios-Priester aus dem 4. Jh. v. Chr. handelt. Sie haben wohl die «überzeugendsten» Heil-Berichte dankbarer Patienten aus früherer Zeit, die auf einzelnen Inschriftensteinen oder Weihgeschenken überliefert waren, überarbeitet, vereinheitlicht und in interessanter, kurzweiliger Form zusammengestellt. Mancher dieser Berichte klingt ganz plausibel, andere wirken eher phantastisch und wenig glaubwürdig – ein breites Spektrum, das die im folgenden abgedruckte kleine Auswahl veranschaulichen mag.[8]

«Als es Tag geworden, kam er gesund heraus . . .» – Traumberichte

Pandaros von Thessalien mit einem Mal auf der Stirn. Dieser sah beim Heilschlaf ein Gesicht: es träumte ihm, der Gott verbinde ihm mit einer Binde das Mal und befehle ihm, wenn er aus dem Heilraum komme, die Binde abzunehmen und in den Tempel zu weihen. Als es Tag wurde, stand er auf und nahm die Binde ab und fand sein Gesicht frei von dem Mal, die Binde aber weihte er in den Tempel, sie trug die Buchstaben von der Stirn.

Euphanes von Epidauros, ein Knabe. Dieser war steinleidend und schlief im Heilraum. Da träumte ihm, der Gott trete vor ihn und sage: «Was willst du mir geben, wenn ich dich gesund mache?» Er habe gesagt: «Zehn Klicker.» Da habe der Gott gelacht und gesagt, er werde ihn erlösen. Als es Tag geworden, kam er gesund heraus.

Ein Mann kam zu dem Gott als Bittfleher, der war so einäugig, daß er nur die Lider hatte, aber nichts darin war, sondern daß sie gänzlich leer waren. Da lachten einige von den Leuten im Heiligtum über seine Einfalt, daß er glaube, er werde sehen, wo er doch überhaupt keine Spur von einem Auge habe, sondern nur den Platz dafür. Als er nun im Heilraum schlief, erschien ihm ein Gesicht: er träumte, der Gott habe eine Arznei gekocht, dann seine Lider geöffnet und sie hineingegossen. Als es Tag wurde, kam er auf beiden Augen sehend heraus.

Euhippos trug eine Lanzenspitze sechs Jahre im Kiefer. Als er im Heilraum schlief, nahm ihm der Gott die Lanzenspitze heraus und gab sie ihm in die Hände. Als es Tag geworden, ging er gesund heraus mit der Lanzenspitze in den Händen.

Ein Mann aus Torone mit Blutegeln. Dieser schlief im Heilraum und sah einen Traum: er glaubte, der Gott habe ihm die Brust mit einem Messer aufgeschlitzt, die Blutegel herausgenommen und ihm in die Hände gegeben und dann die Brust (wieder) zusammengenäht. Als es Tag geworden, kam er heraus mit den Tieren in den Händen. Er hatte sie verschluckt durch die Arglist seiner Stiefmutter, die sie in einen Mischtrank geworfen, den er austrank.

Ein Mann mit einem (Blasen-)Stein im Glied. Dieser sah einen Traum: er glaubte mit einem schönen Knaben zu verkehren, hatte einen Samenerguß und wirft den Stein aus. Er hob ihn auf und kam heraus mit ihm in den Händen.

Ein Mann wurde am Zehen geheilt von einer Schlange. Dieser war von einem bösartigen Geschwür am Fußzehen in schlimmer Verfassung. Er wurde am Tag von den Dienern herausgebracht und saß auf einem Sessel. Als ihn der Schlaf ergriffen, kam unterdessen eine Schlange aus dem Heilraum, heilte seinen Zehen mit der Zunge und zog sich, nachdem sie das getan, wieder in den Heilraum zurück. Als er aufwachte und gesund war, sagte er, er habe ein Gesicht gesehen, es habe ihm geträumt, daß ein Jüngling von stattlicher Gestalt eine Arznei auf den Zehen aufgestrichen habe.

Alketas von Halieis. Dieser war blind und sah einen Traum: Es träumte ihm, der Gott komme zu ihm und öffne mit den Fingern seine Augen, da habe er zuerst die Bäume im Heiligtum gesehen. Als es Tag geworden, kam er gesund heraus.

Heraieus von Mytilene. Dieser hatte auf dem Kopf keine Haare, am Kinn aber sehr viele. Da er sich schämte, weil er von den anderen ausgelacht wurde, schlief er im Heilraum. Ihm salbte der Gott mit einer Arznei den Kopf und ließ ihm wieder Haare wachsen.

Arate von Lakonien, Wassersucht. Für diese schlief ihre Mutter, während sie (selbst) in Lakedämon war, und sieht einen Traum: sie träumte, der Gott schneide ihrer Tochter den Kopf ab und hänge den Körper auf mit dem Hals nach unten; als viel Flüssigkeit ausgeflossen, habe er den Körper abgehängt und den Kopf wieder auf den Hals aufgesetzt. Nachdem sie diesen Traum gesehen, kehrte sie nach Lakedämon zurück und trifft ihre Tochter gesund; diese hatte denselben Traum gesehen.

Aristagora von Trozen. Diese hatte einen Bandwurm im Bauch, und schlief im Heilraum in Trozen im heiligen Bezirk des Asklepios und sah einen Traum: Sie träumte, die Söhne des Gottes, der selbst nicht am Ort, sondern in Epidauros war, hätten ihr den Kopf abgeschnitten, da sie ihn aber nicht wieder aufsetzen konnten, hätten sie jemand zu Asklepios geschickt, daß er kommen solle. Inzwischen bricht der Tag herein, und der Priester sieht im Wachen ihren Kopf vom Leib getrennt. In der nächsten Nacht sah Aristagora ein Gesicht: Es träumte ihr, der Gott sei aus Epidauros gekommen und habe ihr den Kopf auf den Hals aufgesetzt, hierauf ihren Bauch aufgeschlitzt, den Bandwurm herausgenommen und ihn wieder zugenäht; und darauf wurde sie gesund.

Ein Mann mit einem Geschwür innerhalb des Bauches. Dieser sah im Heilraum einen Traum: es träumte ihm, der Gott befehle den Gehilfen in seinem Gefolge, ihn zu ergreifen und festzuhalten, um ihm den Bauch zu schneiden; da sei er geflohen, sie hätten ihn aber ergriffen und an einen Türring gebunden. Hierauf habe Asklepios den Bauch aufgeschlitzt, das Geschwür ausgeschnitten und ihn wieder zugenäht, und er sei aus den Fesseln gelöst worden; und daraufhin kam er gesund heraus, der Fußboden im Heilraum aber war voll mit Blut.

Kleinatas von Theben mit den Läusen. Dieser kam mit einer gewaltigen Menge von Läusen an seinem Leib an, schlief im Heilraum und sieht ein Gesicht: es träumte ihm, der Gott ziehe ihn aus, stelle ihn nackt aufrecht hin und fege mit einem Besen die Läuse von seinem Leib. Als es Tag geworden, kam er gesund aus dem Heilraum heraus.

Andromache aus Epeiros wegen Kindersegens. Diese schlief im Heilraum und sah einen Traum: es träumte ihr, ein schöner Knabe decke sie auf, hierauf berührte sie der Gott mit der Hand. Darauf bekam Andromache einen Sohn von Arybbas.

N. N. von Trozen wegen Kindersegens. Diese schlief im Heilraum und sah einen Traum: es träumte ihr, der Gott sage, sie werde Nachkommenschaft bekommen und frage sie, ob sie einen Buben oder ein Mädchen wünsche, und sie antworte, sie wünsche einen Buben. Hierauf bekam sie innerhalb eines Jahres einen Sohn.

N. N. von Epidauros, lahm. Dieser kam als Bittfleher in das Heiligtum auf einer Bahre. Als er im Heilraum schlief, sah er ein Gesicht: es träumte ihm, der Gott zerbreche seinen Stab und befehle ihm, eine Leiter herbeizubringen und so hoch wie möglich auf den Tempel zu steigen. Er habe es zuerst versucht, dann den Mut verloren und oben auf dem Gesims ausgeruht, zum Schluß aber habe er es aufgegeben und sei die Leiter langsam Tritt für Tritt heruntergestiegen. Asklepios habe sich zuerst geärgert über sein Handeln, dann habe er ihn ausgelacht, daß er so feig sei. Er wagte es, als es Tag geworden, die Aufgabe zu erfüllen, und ging ohne Leibschaden von dannen.

Erasippe aus Kaphyiai, Würmer. Diese hatte den Magen aufgetrieben, war ganz aufgeschwollen und behielt nichts bei sich. Sie schlief im Heilraum und sah einen Traum: sie träumte, der Gott massiere ihren Magen und küsse sie, hierauf gebe er ihr eine Schale, in der eine Arznei war, und befehle ihr, sie auszutrinken, dann befehle er ihr, sich zu übergeben, da habe sie ausgebrochen und ihr Gewand voll gemacht. Als es Tag geworden, sah sie ihr ganzes Gewand voll von den üblen Sachen, die sie erbrochen hatte, und darauf wurde sie gesund.

Eratokles von Trozen, vereitert. Als dieser in Trozen im Begriff war, sich von den Ärzten brennen zu lassen, erschien ihm der Gott im Schlaf und befahl ihm, das Brennen nicht an sich ausführen zu lassen, sondern im Heilraum im Heiligtum von Epidauros zu schlafen. Als die Zeit vergangen, die ihm verordnet war, brach die Eiterbeule auf, und er ging gesund von dannen.

Vom Umgang mit «Ungläubigen»

Wie steht es mit der Glaubwürdigkeit dieser Inkubationsträume? Skepsis vor allem gegenüber den erstaunlichen Spontan-Heilungen und Operationsberichten liegt nahe. Zweifel gab es schon in der Antike. In seiner Komödie *Ploutos* verulkt Aristophanes die Traumgläubigkeit im Zusammenhang mit dem Asklepios-Kult.[9] Und auch mancher, der durch den heiligen Bezirk von Epidauros schlenderte, mag sich kopfschüttelnd gefragt haben, ob das denn wirklich alles so seine Richtigkeit mit den Heilungswundern gehabt haben mochte ...

Solche kritischen Stimmen sind sogar aus Epidauros selbst überliefert. Sie finden sich selbst in den «offiziösen» *iamata* wieder – in kleiner Zahl zwar, aber immerhin. Allerdings nicht unkommentiert: Denn Asklepios ließ solchen Spott und Unglauben nicht auf sich sitzen. Besonders kecke Zweifler bestrafte der Gott exemplarisch – aber nicht, ohne die ihm eigene Milde walten zu lassen, nachdem er ihnen zur Einsicht in ihren Irrtum verholfen hatte. Wenn so aus dem Saulus ein Paulus geworden war, dann kam diesen Dokumenten besondere Beweiskraft zu. Kein Wunder, daß die Priester folgende zwei Berichte über Traumerlebnisse im *abaton* ziemlich an den Anfang einer Inschriftenstele gestellt haben.[10]

Ein Mann, der die Finger der Hand nicht rühren konnte bis auf einen, kam zu dem Gott als Bittfleher. Als er die Weihetafeln in dem Heiligtum sah, war er ungläubig gegen die Heilungen und machte sich über die Aufschriften lustig. Als er im Heilraum schlief, sah er ein Gesicht: es träumte ihm, während er unterhalb des Tempels Würfel spielte und mit dem Würfel werfen wollte, sei der Gott erschienen und ihm auf die Hand gesprungen und habe ihm die Finger ausgestreckt; als er weggetreten sei – so träumte er –, habe er seine Hand gekrümmt und jeden Finger einzeln ausgestreckt; nachdem er alle geradegestreckt, habe ihn der Gott gefragt, ob er noch ungläubig sein wolle gegen die Aufschriften auf den Weihetafeln im Heiligtum; er habe nein gesagt. «Weil du also vorher ungläubig gegen sie warst, die doch nicht unglaubhaft waren, so soll in Zukunft – habe er gesagt – dein Name ‹Ungläubig› sein.» Als es Tag geworden, kam er gesund heraus.

Ambrosia von Athen, einäugig. Diese kam als Bittfleherin zu dem Gott. Als sie im Heiligtum herumging, lachte sie über einige von den Heilungen als unwahrscheinlich und unmöglich, daß Lahme und Blinde gesund werden sollen, nachdem sie nur einen Traum gesehen hätten. Als sie im Heilraum schlief, sah sie ein Gesicht: Es träumte ihr, der Gott trete vor sie und sage, daß er sie zwar gesund machen werde, aber als Lohn von ihr verlange, daß sie in das Heiligtum ein silbernes Schwein stifte als Erinnerung an ihre Unwissenheit. Nachdem er das gesagt, habe er ihr das kranke Auge aufgeschlitzt und ein Heilmittel eingegossen. Als es Tag geworden, kam sie gesund heraus.

Der moderne, «aufgeklärte» Mensch läßt sich von solchen Bekehrungsgeschichten in seiner Skepsis nicht so schnell umstimmen – obwohl Lourdes und andere stark besuchte einschlägige Pilgerorte eine ganz andere Sprache sprechen. Als die «Wunderheilungen» von Epidauros vor rund hundert Jahren publiziert wurden, überwog jedenfalls zunächst der Zweifel an der Authentizität des von ihnen geschilderten Traumgeschehens. Viele Forscher argwöhnten dahinter plumpe Fälschungen oder zumindest starke Manipulationen und Tricks durch die Priester des Heiligtums. Wilamowitz, der große Altphilologe, befand lapidar: «Schwindelhafte Kurpfuscherei!»[11]

In den letzten Jahrzehnten sind die Urteile der Gelehrten deutlich differenzierter geworden. Auch Mediziner schenken der Technik der Inkubation als Heilmethode zunehmend Beachtung. Sie weisen zum einen auf die mittlerweile allgemein akzeptierten – besser gesagt: wieder entdeckten! – Zusammenhänge und Wechselwirkungen zwischen Körper und Seele hin. Die damit verbundene Kraft der Autosuggestion bei der Heilung nervöser Störungen, ausgeprägter Neurosen und psychosomatischer Erkrankungen ist gewaltig. Sie kann bei bestimmten Krankheiten eine ganz unmittelbare Heilung bewirken.

Entscheidend dafür war der feste Glaube der Patienten, die sich dem Tempelschlaf vorbehaltlos hingaben. Der Glaube nicht nur an die Möglichkeit einer Heilung durch ein Traumerlebnis als medizinische Alternative zur herkömmlichen Behandlung, sondern auch der religiös verwurzelte Glaube an die Macht, die Kompetenz und das Wohlwollen des Heilgottes Asklepios. Der Traum, in dem der Gott als «Heiland» – so drückt sich ja etwa Aristeides aus – erscheint, gründet somit auf einer tiefen Religiosität, die nicht nur Ausdruck einer individuellen Disposition, sondern in der Kultur vor allem des griechischen Raumes fest verankert war. Will sagen: Die Traumvision ist nicht nur eine persönliche Erwartung des leidenden Menschen, sondern eine in seinem Kulturkreis schon oft gemachte und daher verallgemeinerbare, geradezu objektive Erfahrung. Beides, der vom eigenen Leidensdruck verstärkte Wunschglauben *und* die Selbstverständlichkeit, mit der die Inkubationsmedizin als irrationale Heiltechnik gesellschaftlich anerkannt war – und eben kein esoterisches Mauerblümchen-Dasein fristete! –, waren starke seelische Anreize, dieser «Methode» zu vertrauen und sich auf Heilträume einzulassen. Oder etwas platt formuliert: Wer fest mit der Epiphanie des Gottes rechnet, dem wird sie eher zuteil.

Auf der anderen Seite wurde in den heiligen Bezirken auch alles getan, um die Patienten auf das zu erwartende Traumerlebnis positiv und erwartungsvoll einzustimmen. Die schriftlichen Aufzeichnungen über die Heilungswunder verfehlten da ihre Wirkung ebensowenig wie die Fülle an Weihgaben und Ex-votos, die die gesamte Tempelanlage schmückten. Unzählige Nachbildungen aller möglichen Körperteile und Organe, aus Metall oder Terracotta gearbeitet, «bewiesen» die Heilkraft des Asklepios. Warum sollte es nicht möglich sein, von seinem Leiden geheilt zu werden, wenn das so vielen anderen «Pilgern» zuvor schon widerfahren war?

Größe und Glanz des Heiligtums taten ein übriges. Sie verliehen der heiligen Stätte eine kraftvolle Ausstrahlung, schufen eine Atmosphäre, in der das «Wunder» weniger wunderbar denn konsequent, in Übereinstimmung eben mit der nach außen wirkenden hehren Autorität der Prachtbauten, erschien.

Schließlich die medizinischen Kenntnisse der Patienten: Auch ihr durch vorangehende Therapieversuche erworbenes Wissen oder Halbwissen dürfte bei manchen dazu beigetragen haben, im Inkubationstraum Arzneien, Heilmethoden und medizinische Alternativen zu erschauen, die den Heilungsprozeß begünstigten. Eine Mischung vielleicht aus halbbewußten Erfahrungen und Rückgriffen auf die traditionellen ärztlichen Methoden einerseits und «mutigeren», radikaleren, phantasievolleren Therapieansätzen andererseits, inspiriert von einem Mute der Verzweiflung, der die Patienten nach dem Scheitern der herkömmlichen Medizin ja ohnehin zu den Asklepios-Heiligtümern hatte Zuflucht nehmen lassen. Ein Reflex dieser «kühnen» Einstellung, die die innere Bereitschaft des Kranken zu außergewöhnlichen, auch experimentellen Behandlungsformen forderte, könnten die Berichte über sehr riskante Operationen sein, an die sich die sterblichen Ärzte im Unterschied zu Asklepios nicht herangewagt hatten ...

Wie immer man die Inkubationstechnik beurteilen mag, *eines* ist gewiß: Die Kraft des Heiltraums ist durch viele glaubwürdige Berichte bewiesen; viele Patienten hat ihr unerschütterlicher Glaube von Schmerz und Krankheit befreit. *Sie* haben die Traumerlebnisse in den Schlafräumen der Asklepios-Heiligtümer als hilf- und segensreich empfunden.

Die Redlichkeit gebietet es aber auch, auf das Schicksal all derer hinzuweisen, die Asklepios vergeblich um Heilung ersucht haben. Ihnen wurden keine Traumvisionen zuteil, oder ihre Traumgesichte erfüllten sich nicht. Die Berichte über die erfolgreichen Inkubationsheilungen dürfen nicht darüber hinwegtäuschen, daß sich viele, sehr viele in Geduld fassen mußten, bevor der Gott sich ihrer annahm, und andere vergebens auf die erlösende Vision warteten.

Darauf hat schon der große Spötter Diogenes hingewiesen, der nichts von Traumgläubigkeit, in welchem Gewand auch immer sie daherkam, hielt. Beim Anblick eines mit Weihgeschenken überhäuften Heiligtums merkte er nur trocken an: «Es wären noch weit mehr Weihgeschenke, wenn auch die *nicht* Geretteten solche Stiftungen machten!»[12]

1 Aristeides, Hieroi logoi I 62–67 (Übers.: H. O. Schröder).

2 R. Jackson, Doctors and diseases in the Roman Empire, London 1988, 138.

3 Aristeides, Hieroi logoi II 2.

4 Anthologia Palatina VII 42; Ennius, Annales I frg. 4 ff.; Lukian, Somnium 5 ff.

5 Galen XI 314 K.

6 Aristeides, Hieroi logoi IV 16 ff.

7 Pausanias II 27, 3.

8 Inscriptiones Graecae IV^2 121–124; Nr. 6, 8, 9, 12–14, 17–19, 21, 23, 27 f., 31, 34 f., 41 f., 48 (Übers.: R. Herzog).

9 Aristophanes, Ploutos 633 ff.

10 Inscriptiones Graecae IV^2 121–124, Nr. 3 f.

11 U. v. Wilamowitz-Moellendorff, Isyllos von Epidauros, Berlin 1886, 37.

12 Diogenes Laertios VI 59.

«Warum sollte uns ein wohlmeinender Gott durch wirre Träume ermahnen?» – Die Zweifel Ciceros

Traumdeutung – das war für die Mehrzahl der Menschen des Altertums nur *eine* mehr oder weniger zuverlässige Form der Zukunftserforschung. Weitere Praktiken waren u. a. die Eingeweideschau, die Beobachtung des Vogelflugs, die Befragung von Orakeln und die Astrologie. In einem zweibändigen Werk hat sich der große Redner und Schriftsteller Cicero die Aufgabe gestellt, alle diese mantischen Systeme unter die Lupe zu nehmen und ihr Für und Wider zu erörtern. *De divinatione,* «Über die Weissagung», im Jahre 44 v. Chr. niedergeschrieben, stellt so eine wahre Fundgrube für jeden dar, der sich für Weissagung in der Antike interessiert.

Cicero hat das Werk als ein gelehrtes, aber durch viele konkrete Beispiele aufgelockertes und anschauliches Streitgespräch mit seinem Bruder Quintus anläßlich eines gemeinsamen Aufenthalts auf seinem Landgut bei Tusculum gestaltet. Zunächst kommt sein Bruder Quintus ausführlich zu Wort. Der legt eloquent die Position der stoischen Philosophenschule dar, die nachdrücklich *für* die Zuverlässigkeit der *divinatio* eintrat. Die Stoiker, allen voran Chrysipp, einer der legendären Leiter ihrer Schule, glaubten, daß sich der – im voraus festgelegte – göttliche Plan von den Menschen enthüllen lasse, bevor die jeweils vorbestimmten

Ereignisse einträten. Voraussetzung dafür seien eine gute Kenntnis und richtige Anwendung der traditionellen Methoden der Zukunftserforschung.

Im zweiten Buch nimmt Cicero dann selbst Stellung. Er übernimmt sozusagen die Rolle des *advocatus diaboli.* Das heißt, er klopft alle Weissagungsmethoden, die sein Bruder zuvor beschrieben hat, auf ihre Schwachstellen ab und tritt dabei besonders mit den Stoikern in eine polemische Auseinandersetzung ein. So auch bei der Traumdeutung. Wie überzeugend sein Plädoyer gegen die Glaubwürdigkeit von Träumen ist, mag jeder selbst entscheiden. Angesichts der Breite der Dokumentation, die den Anhängern der Traumdeutung in unserer Sammlung zugestanden worden ist, erscheint es fair, das letzte Wort jener Stimme aus dem Altertum zu geben, die die *contra*-Position am systematischsten vertritt.

Wehe dem, der sich auf Träume verläßt ...[1]

(119) Ein ähnlicher Irrtum (wie bei den Orakeln) liegt bei den Träumen vor. Wie weit hergeholt ist deren Rechtfertigung! Göttlich, meinen sie, seien unsere Seelen; sie seien von außen gesteuert, und das Weltall sei durch eine Menge miteinander empfindender Seelen gefüllt. Infolge dieser Göttlichkeit des Geistes selbst also und aufgrund der Verbindung mit Geistern außerhalb könne man Künftiges wahrnehmen. Zenon[2] aber meint, der Geist ziehe sich zusammen und erschlaffe gleichsam und breche zusammen – und eben das bedeute schlafen. Pythagoras und Plato nun, zwei überaus fruchtbare Schriftsteller, legen uns nahe, uns mit einer bestimmten Pflege und Lebensweise vorzubereiten, bevor wir zum Schlafen gehen, damit wir in den Träu-

men deutlicher sehen. Die Pythagoreer raten dazu, auf jeden Fall keine Bohnen zu essen, als ob durch diese Nahrung der Geist und nicht der Bauch sich blähte. Aber irgendwie läßt sich nichts so Abwegiges behaupten, daß es nicht von irgendeinem Philosophen gelehrt würde.

(120) Welche der beiden Theorien sollen wir für richtig halten?: Daß die Seelen der Schlafenden beim Träumen durch sich selbst bewegt werden oder daß sie, wie Demokrit meint, durch ein äußeres, fremdes Bild getroffen werden? Ob es sich aber nun so oder so verhält: Es besteht die Möglichkeit, daß den Träumenden sehr viel Trügerisches als richtig erscheint. Denn auch denen, die auf einem Schiff fahren, scheint sich das, was stillsteht, zu bewegen; und bei einer bestimmten Einstellung unserer Augen erscheint uns eine Lampe wie zwei. Was soll ich noch darlegen, wieviel Trügerisches Geisteskranken und Betrunkenen erst erscheint? Wenn man aber Erscheinungen solcher Art nicht trauen kann, weiß ich nicht, warum man Träumen glauben sollte.

Denn es ist ebenso gut möglich, über diese Täuschungen, wenn man will, so wie über Träume gelehrt zu diskutieren. So etwa, daß man sagt, wenn Feststehendes sich zu bewegen scheint, das deute auf ein Erdbeben hin oder auf eine plötzliche Verbannung, durch den doppelten Schein einer Lampe aber kündigten sich Zwietracht und Aufruhr an. Ferner läßt sich aus den Erscheinungen von Geisteskranken und Betrunkenen unendlich viel mutmaßen, was den Eindruck künftiger Ereignisse erweckt. Wer brächte nicht, wenn er den ganzen Tag lang Werfen übt, irgendwann einmal einen geraden Schuß zustande? Ganze Nächte lang träumen wir, und es vergeht kaum eine Nacht, in der wir nicht schlafen – und da wundern wir uns, daß manchmal auch eintritt, was wir geträumt haben? Was ist so unbestimmt wie der Fall von Würfeln? Dennoch gibt es niemanden, der nicht ab und zu den Venus-Wurf erreicht, wenn er oft genug würfelt, manchmal sogar ein zweites oder drittes Mal. Wollen wir deshalb etwa eher – wie die Toren – behaupten, das geschehe auf Veranlassung der Venus, statt durch reinen Zufall? Wenn aber zu anderen Zeiten Trugbildern kein Glauben zu schenken ist, kann ich nicht erkennen, was der Schlaf so Besonderes hat, daß in ihm Trügerisches als wahr gelten sollte.

(122) Wenn aber die Natur es so eingerichtet hätte, daß die Schlafenden das täten, was sie träumen, müßten alle angebunden werden, die zu Bett gehen. Denn sie würden im Traum größeren Aufruhr verursachen als irgendwelche Verrückten. Wenn man aber den Erscheinungen Verrückter keinen Glauben schenken darf, weil sie trügerisch sind, kann ich nicht erkennen, warum man den Erscheinungen Träumender vertrauen sollte, die ja noch viel wirrer sind – etwa deswegen, weil die Verrückten ihre Erscheinungen keinem Deuter berichten, wohl aber die, die geträumt haben?

Ich frage weiterhin: Wenn ich etwas schreiben oder etwas lesen oder entweder mit meiner Stimme oder einem Saiteninstrument Musik machen will oder wenn ich auf dem Gebiet der Geometrie, der Naturkunde oder der Dialektik etwas erklären will: muß ich da einen Traum abwarten oder die entsprechende Fertigkeit anwenden? Ohne sie läßt sich keine solcher Tätigkeiten ausführen und ins Werk setzen. Und erst recht wenn ich zur See fahren wollte, würde ich wohl nicht so steuern, wie ich geträumt habe – die Strafe würde sonst nämlich auf dem Fuße folgen.

(123) Wie also ließe es sich vertreten, wenn Kranke bei einem Traumdeuter lieber Heilung suchten als bei einem

Arzt? Oder vermag uns Äskulap oder Serapis im Schlaf Heilung von einer Krankheit verordnen, nicht aber Neptun uns entsprechend helfen, wenn wir zur See fahren? Und Minerva wird uns ohne Arzt Medizin vermitteln, nicht aber werden uns die Musen im Traum die Kenntnis des Schreibens, des Lesens und anderer solcher Fähigkeiten vermitteln? Gäbe es aber die Heilung von einer Krankheit (im Traum), dann erhielten wir auch das andere, von dem ich gesprochen habe. Da es das nicht gibt, wird uns auch keine Heilung (im Traum) zuteil. Und wenn diese hinfällig ist, ist jegliche Autorität der Träume hinfällig.

Merkwürdige Götter, die uns so wirres Zeug schicken ...

(124) Diese Argumente dürften offensichtlich sein. Jetzt wollen wir uns ansehen, was weiter innen liegt. Entweder bewirkt nämlich eine bestimmte göttliche Macht, die für uns sorgt, die Bedeutungen der Träume, oder die Traumdeuter erkennen aufgrund einer bestimmten Übereinstimmung und Verbundenheit der Natur, die sie *sympatheia* nennen, was zu einem jeden Traumbild paßt und was aus einem jeden Traumbild folgt, oder es trifft keins von beiden zu, sondern es gibt statt dessen eine beständige und lange Tradition der Traumdeutung, die beobachtet, was herauszukommen und zu folgen pflegt, wenn etwas im Schlaf erschienen ist.

Zunächst also gilt es zu erkennen, daß es keine göttliche Kraft gibt, die Träume bewirkt. Und zwar ist das ganz einsichtig, daß keine Traumerscheinungen vom Willen der Götter ausgehen. Die Götter nämlich täten das um unseretwillen, damit wir Künftiges vorhersehen könnten. (125) Wie wenige Leute aber gibt es, die ihren Träumen Folge leisten, die sie verstehen und sich an sie erinnern?! Wie viele dagegen, die sie nicht ernst nehmen und sie für den Aberglauben eines schwachen Altweiber-Denkens halten! Warum sollte also ein Gott, der für diese Menschen sorgt, sie durch Träume ermahnen, obwohl sie sich nicht nur nicht um sie scheren, sondern sie nicht einmal der Erinnerung für wert erachten? Denn ein Gott kann nicht im unklaren darüber sein, welche Mentalität ein jeder hat, und es entspricht nicht der Würde eines Gottes, irgend etwas vergebens und ohne Grund zu tun – das wäre ja nicht einmal mit der standhaften Haltung eines Menschen vereinbar!

Wenn nun die meisten Träume nicht zur Kenntnis oder nicht ernst genommen werden, weiß der Gott dies entweder nicht, oder er bedient sich der Bedeutung der Träume vergebens. Keine dieser Alternativen trifft auf einen Gott zu. Man muß also eingestehen, daß von einem Gott durch Träume keinerlei Zeichen gegeben werden.

(126) Ferner ist zu fragen, warum, wenn uns ein Gott diese Erscheinungen um der Voraussicht willen vermittelt, er sie uns nicht lieber im wachen Zustand als im Traum vermittelt. Denn gleichgültig, ob ein von außen kommender, fremder Anstoß die Seelen der Schlafenden bewegt oder die Seelen sich selbst bewegen oder es irgendeine andere Ursache dafür gibt, daß wir im Schlaf irgend etwas zu sehen, hören oder zu tun scheinen – die gleiche Ursache könnte es auch sein, wenn wir wach sind. Und wenn die Götter dies unseretwegen im Schlaf täten, könnten sie dasselbe tun, wenn wir wach sind, zumal Chrysipp in der Auseinandersetzung mit den Akademikern sagt, bei weitem klarer und bestimmter sei, was uns im Wachzustand erscheine als dann, wenn wir träumen. Es entspräche also einem Wohl-

wollen der Götter, wollten sie für uns sorgen, eher, wenn sie uns klare Erscheinungen im Wachzustand vermittelten als dunklere im Schlaf. Da das aber nun nicht der Fall ist, darf man Träume nicht auf göttlichen Ursprung zurückführen. Und überhaupt: Warum bedarf es des Umweges und solcher krummen Wege, daß man Traumdeuter in Anspruch nehmen muß, anstatt daß der Gott uns, wollte er wirklich für uns sorgen, direkt sagte: «Dies tu, dies tu nicht!» und uns diese Erscheinung lieber im Wachzustand als im Schlaf vermittelte?

Wer schickt die wahren, wer die trügerischen Träume?

(127) Wer aber wagte gar zu behaupten, alle Träume seien wahr? «Einige Träume sind wahr», sagt Ennius,[3] «aber nicht alle müssen wahr sein.» Worin besteht denn der Unterschied zwischen ihnen? Was macht wahre, was macht trügerische Träume aus? Und wenn die wahren Träume von einem Gott geschickt werden, woher kommen dann die trügerischen? Denn wenn auch *die* göttlichen Ursprungs sind, was wäre dann unzuverlässiger als der Gott? Was wäre törichter, als zu behaupten, die Unsterblichen brächten die Seelen der Sterblichen durch falsche und trügerische Träume in Aufruhr?

Wenn aber wahre Erscheinungen göttlichen Ursprungs sind, trügerische aber und nichtige vom Menschen selbst kommen, was ist das dann für eine Willkür festzustellen, das eine habe ein Gott, das andere habe die Natur bewirkt – und nicht vielmehr alles entweder ein Gott (was ihr bestreitet) oder alles die Natur? Da ihr ja das eine bestreitet, müßt ihr das letztere notwendigerweise einräumen.

(128) «Natur» aber nenne ich die Kraft, aufgrund derer die Seele niemals im Stillstand von Regung und Bewegung frei sein kann. Wenn diese sich aufgrund der Schlaffheit des Körpers weder ihrer Glieder noch ihrer Sinne bedienen kann, dann gerät sie in verschiedenartige, unbestimmte Erscheinungen aus den Restempfindungen, wie Aristoteles sagt, die sie noch von den Dingen hat, die sie im Wachzustand getan oder gedacht hat. Durch deren wirre Mischung entstehen mitunter wundersame Traumgebilde. Wenn die einen davon trügerisch, die anderen wahr sind, dann möchte ich wirklich gern wissen, durch welches Merkmal man sie voneinander unterscheiden kann. Wenn es ein solches Merkmal nicht gibt, warum sollten wir da auf einen Deuter hören? Wenn es aber irgend so ein Merkmal gibt, wünsche ich zu hören, worin es besteht. Aber da werden sie in der Falle sein.

Traumdeuter – ein ignorantes und unseriöses Völkchen

(129) Wir sind jetzt bei der Streitfrage angelangt, welche der beiden Theorien eher Zustimmung verdient: Ob die unsterblichen Götter, die durch ihre Überlegenheit in allen Dingen herausragen, nicht nur zu den Betten, sondern auch zu den Pritschen aller Menschen, die irgendwo sind, zusammenlaufen und, sobald sie irgendeinen schnarchen sehen, ihnen bestimmte gewundene und dunkle Erscheinungen eingeben, die diese dann, aus dem Schlaf aufgeschreckt, frühmorgens dem Traumdeuter vorlegen – oder ob es durch ein natürliches Wirken dazu kommt, daß die rege, bewegliche Seele das, was sie im Wachzustand gesehen hat, schlafend noch einmal zu sehen scheint. Welche der beiden Theorien entspricht eher der Würde der Philosophie? Der-

gleichen mit Hexenaberglauben zu deuten oder mit der Natur zu erklären? So daß, selbst wenn eine richtige Deutung von Träumen möglich wäre, gleichwohl diejenigen, die das professionell betreiben, gerade *das* nicht leisten können: Denn sie stellen ein absolut unseriöses und ignorantes Völkchen dar.

Deine Stoiker aber leugnen, daß irgend jemand außer dem wirklichen Weisen ein Wahrsager sein könne. (130) Chrysipp jedenfalls definiert die Weissagung als Fähigkeit, Zeichen zu erkennen, zu sehen und zu erklären, die den Menschen von den Göttern angekündigt würden. Die Aufgabe des Wahrsagers aber bestehe darin, im voraus zu erkennen, welche Einstellung die Götter gegenüber den Menschen hätten, was sie mit einem Zeichen ankündigten und wie man mit diesen Zeichen umzugehen und sie zu entsühnen habe. Derselbe Chrysipp definiert die Traumdeutung folgendermaßen: Es sei die Fähigkeit zu erkennen und zu erklären, was den Menschen von den Göttern in Träumen bedeutet werde. Was folgt daraus? Braucht es dazu eine mittelmäßige Klugheit oder ein hervorragendes geistiges Talent und eine vollendete Bildung? Einem Deuter indes, der diesen Ansprüchen genügte, kennen wir nicht. (131) Sieh also ein, daß wir einen solchen Wahrsager auch dann nicht zu finden imstande wären, wenn ich dir zugäbe, daß es eine Fähigkeit zur Wahrsagung gibt (was ich freilich nie tun werde).

Das Ei als Schatz – vom zweifelhaften Vorteil der «Dunkelheit»

Was aber soll das für eine «Gesinnung» der Götter sein, wenn sie uns in unseren Träumen weder etwas bezeichnen, was wir selbst aus eigener Kraft erkennen können, noch etwas, für das wir keine Deuter finden können? Wenn die Götter uns nämlich solche Zeichen schicken, für die wir weder das Wissen noch einen Deuter haben, dann sind sie Karthagern oder Spaniern ähnlich, die in unserem Senat ohne Dolmetscher sprächen. (132) Wozu dient ferner die rätselhafte Dunkelheit der Träume? Denn die Götter müßten doch wünschen, daß die Zeichen, die uns unseretwegen mahnen sollen, von uns verstanden werden. Wie? Sind Dichter, sind Naturwissenschaftler nicht auch «dunkel»? Schon richtig – der einschlägig bekannte Euphorion[4] ist allzu «dunkel». Nicht aber Homer. Wer von beiden ist also der bessere? (133) Sehr «dunkel» ist Heraklit[5], überhaupt nicht «dunkel» Demokrit[6]. Lassen sie sich also miteinander vergleichen?

Um meinetwillen bringst du mir mahnend etwas zur Kenntnis, was ich nicht verstehen kann? Warum also mahnst du mich? Das ist doch so, als trüge irgendein Arzt einem Kranken auf, er solle ein Wesen nehmen, das «erdgeboren, grasbeschreitend, haustragend und ohne Blut» sei – anstatt es wie ein normaler Mensch «Schnecke» zu nennen. (...)

(134) Es berichtet einer einem Traumdeuter, er habe geträumt, daß ein Ei von einem Gurt seines Bettes herabhänge (dieser Traum findet sich in Chrysipps Buch[7]). Der Traumdeuter gab den Bescheid, unter dem Bett sei ein Schatz vergraben. Er gräbt, er findet eine ordentliche Menge Gold, und zwar in Silber eingefaßt. Von dem Silber schickte er dem Traumdeuter eine kleine Menge, die ihm gerade richtig erschien. Darauf fragte der: «Nichts vom Dotter?» Denn dieser Bestandteil des Eis hatte, wie es ihm schien, das Gold bezeichnet, der Rest «Silber».

Hat also noch nie jemand anderer irgendwann von einem Ei geträumt? Weshalb hat also allein dieser Irgendwer einen Schatz gefunden? Wie viele Mittellose, die die Hilfe der Götter verdienten, werden durch keinen Traum dazu gebracht, einen Schatz zu finden! Weshalb wurde er des weiteren auf so dunkle Weise darauf hingewiesen, daß aus dem Ei so etwas Ähnliches wie ein Schatz entstünde? Warum wurde er statt dessen nicht ganz offen aufgefordert, einen Schatz zu suchen – so wie Simonides ganz offen untersagt worden ist, zur See zu fahren?[8] (135) Daraus folgt: «Dunkle« Träume lassen sich überhaupt nicht mit der Majestät der Götter vereinbaren.

Woher kommen die Traumbilder?

Kommen wir zu offensichtlichen und eindeutigen Träumen. Dazu gehört der von jenem Mann, der in Megara von seinem Wirt ermordet wurde;[9] dazu gehört auch der von Simonides, dem einer, den er bestattet hatte, abriet, sich auf eine Seereise zu begeben, und auch der von Alexander, den du erstaunlicherweise nicht erwähnt hast. Als sein Freund Ptolemäus in der Schlacht von einem vergifteten Geschoß getroffen worden war und aufgrund dieser Verwundung unter größten Schmerzen im Sterben lag, wurde Alexander, während er an dessen Krankenlager saß, vom Schlaf übermannt. Da soll ihm im Schlaf die Schlange erschienen sein, die seine Mutter Olympias als Haustier hielt. Sie soll eine Wurzel im Maul gehalten und ihm zugleich gesagt haben, wo diese Wurzel wuchs. Und das war nicht weit weg von seinem Aufenthaltsort. Die Kraft dieser Wurzel aber sei so groß, daß sie Ptolemäus leicht heilen könne. Als Alexander aufgewacht war und seinen Freunden den Traum erzählt hatte, wurden Soldaten ausgeschickt, die diese Wurzel suchen sollten. Sie fanden sie, und Ptolemäus soll ebenso geheilt worden sein wie zahlreiche Soldaten, die mit den gleichen Geschossen verwundet worden waren. (...)

(136) Was können wir über unsere eigenen Träume sagen? Du, daß ich und mein Pferd am Ufer aufgetaucht sind,[10] ich über Marius, der mich mit lorbeergeschmückten Rutenbündeln in seinen Ehrentempel führen ließ.[11] Für alle Träume, mein lieber Quintus, gibt es *eine* Erklärung. Daß *sie* nicht durch unseren Aberglauben und unsere Entstellung in den Hintergrund gerät, darauf sollten wir bei den unsterblichen Göttern achten! (137) Was für ein «Marius», glaubst du nämlich, ist von mir geschaut worden? Seine Erscheinung, denke ich, und sein Bild, wie Demokrit sich das vorstellt. Woher stammt dieses Bild? (Von festen Körpern nämlich und von bestimmten Gestalten meint er, daß die Bilder «fließen» – was für ein Körper des Marius war das also?). «Das Bild stammt von dem Körper», sagt er, «der einst der seine gewesen war. Alles ist voll von Bildern.» Dieses Bild des Marius also verfolgte mich bis ins Gebiet von Atina, denn es kann ja keine Erscheinung erdacht werden, die nicht von «Bildern» hervorgerufen würde.

(138) Was folgt daraus? Gehorchen uns diese Bilder so aufs Wort, daß sie herbeieilen, sobald wir es wünschen? Denn welche Gestalt ist so ungewöhnlich, so weit entfernt von der Realität, daß unser Geist sie sich nicht einmal vorstellen könnte?! Immerhin tragen wir, auch was wir niemals gesehen haben, trotzdem sozusagen gestaltet in uns, so z. B. die Anlage von Städten und die Gestalten von Menschen. Trifft mich etwa, wenn ich mir die Mauern von Babylon oder das Gesicht Homers vorstelle, irgendein «Bild» von ihnen? Alles mithin, was wir wollen, kann uns bekannt

sein. Denn es gibt nichts, das wir uns nicht vorstellen könnten. Daraus folgt: Es schleichen sich keineswegs Bilder von außen in die Seelen der Schlafenden ein, und es «fließen» überhaupt keine derartigen Bilder. Und ich kenne keinen Menschen, der mit größerer Autorität etwas behauptete, was keinen Sinn ergibt (als Demokrit).

Träume als nächtliche Reflexe der Wirklichkeit ...

Die Kraft und das Wesen unserer Seelen sind vielmehr so, daß sie im Wachzustand ohne einen von außen wirkenden Impuls kräftig sind, ganz allein aus eigenem Antrieb und mit einer geradezu unvorstellbaren Geschwindigkeit. Wenn sie von den Gliedern, dem Körper und den Sinnen unterstützt werden, erkennen, denken und fühlen sie alles mit größerer Sicherheit. Wenn dies aber wegfällt und die Seele durch die Erschlaffung des Körpers alleingelassen ist, dann regt sie sich von sich selbst aus. Und so bewegen sich in ihr Gestalten und Handlungen, und vieles scheint gehört, vieles gesagt zu werden. (140) Wenn die Seele schwach und entspannt ist, halten sich diese Eindrücke in ihr in großer Zahl und auf vielfältigste Weise vermischt und verwirrt auf, und ganz besonders werden in den Seelen die «Überreste» jener Dinge bewegt und umgewälzt, mit denen wir im Wachzustand entweder im Denken oder Handeln befaßt waren.

So befaßte sich meine Seele in jenen Zeiten besonders intensiv mit Marius, wenn ich daran dachte, wie hochherzig und standhaft er seinen tiefen Fall ertragen hatte. Dies, denke ich, war der Grund dafür, daß ich von ihm geträumt habe. Dir aber erschien ich plötzlich aus dem Fluß aufzutauchen, als du mit Sorge an mich dachtest. In unserer beider Seelen waren nämlich noch die Spuren unserer Gedanken präsent, die wir im Wachzustand hegten. Bestimmte Einzelheiten aber kamen dazu – bei mir z. B. die Sache mit dem Ehrentempel des Marius, bei dir, daß das Pferd, auf dem ich zu reiten pflegte, zusammen mit mir unterging und wieder auftauchte.

... und zufälligen Beimischungen

(141) Oder glaubst du etwa, es könnte jemals ein so schwachsinniges altes Weib geben, daß es Träumen Glauben schenkte, wenn nicht solche Einzelheiten mitunter ganz zufällig zusammenkämen? Alexander erschien es, als spräche eine Schlange zu ihm. Das kann ganz und gar trügerisch gewesen sein; es kann auch wahr gewesen sein. Was davon auch zutreffen mag: Ein Wunder war es nicht. Denn er hörte ja nicht die Schlange wirklich sprechen, sondern es kam ihm so vor, als hörte er sie. Und zwar sprach sie – wodurch die Sache ja noch unfaßbarer wurde –, obwohl sie eine Wurzel im Maul hielt. Aber für einen Träumenden ist nichts unfaßbar. Ich frage indes: Warum war das ein für Alexander so bedeutender Traum, ein so bestimmter – warum nicht für eben diesen Alexander bei anderen Gelegenheiten, warum nicht viele Träume auch für die anderen Menschen? Für mich jedenfalls gab es außer dem Traum von Marius keinen anderen, bestimmt keinen, an den ich mich erinnern könnte. Vergeblich also habe ich so viele Nächte in einem so langen Leben zugebracht!

(142) Im Augenblick jedenfalls verzichte ich, da meine Tätigkeit auf dem Forum unterbrochen ist, auf nächtliches Arbeiten. Ich habe sogar schon mal ein Mittagsschläfchen eingelegt, was ich früher nie getan habe. Und obwohl ich soviel schlafe, ist mir in keinem Traum eine Mahnung zuteil

geworden, schon gar nicht im Hinblick auf bedeutende Angelegenheiten. Und niemals scheine ich mehr zu träumen, als wenn ich auf dem Forum Beamte oder den Senat in seinem Sitzungssaal sehe.[12]

Widersprüchliche Auslegungen – oder: Traumdeutung als Kunst des Zufallstreffers

Gehen wir zu der zweiten der vorhin genannten drei Möglichkeiten über. Worin besteht der Zusammenhang und die Einheit der Natur, die sie, wie gesagt, «Sympathie» nennen und die so beschaffen ist, daß man aus einem Ei auf einen Schatz schließen muß? (...)

(143) Was also war das für ein natürlicher Umstand, der dem Simonides jene Erscheinung eingab, die ihm davon abriet, eine Seereise anzutreten? Oder welche Verbindung mit der Natur hatte der Traum des Alkibiades, von dem man berichtet? Der träumte kurz vor seinem Tode, er sei in das Gewand seiner Geliebten eingehüllt. Als er dann hingestreckt, unbestattet und von allen verlassen dalag, bedeckte seine Geliebte den Leichnam mit ihrem Mantel. Lag dies nun also in der Zukunft beschlossen und hatte natürliche Gründe, oder hat es der Zufall bewirkt, daß er einerseits so träumte und daß es sich andererseits so ereignete?

(144) Wie? Zeigen nicht die Auslegungen der Traumdeuter selbst mehr ihr eigenes Interpretationstalent als die Kraft und Übereinstimmung der Natur? Ein Läufer, der an den Olympischen Spielen teilnehmen wollte, träumte, auf einem Viergespann zu fahren. Morgens geht's sofort zum Traumdeuter. Der aber gibt ihm den Bescheid: «Du wirst siegen! Das nämlich bezeichnet die Geschwindigkeit und

Kraft der Pferde.» Danach derselbe Läufer zu Antiphon. Der aber sagt: «Kein Zweifel, daß du besiegt wirst. Siehst du denn nicht, daß vier andere vor dir gelaufen sind?»

Weiter zu einem anderen Läufer (von diesen und ähnlichen Träumen ist nämlich das Buch Chrysipps voll, und auch das Buch Antipaters ist voll davon) – aber zurück zu dem Läufer. Er berichtete einem Deuter, im Traum sei er zum Adler geworden. Der aber beschied ihn: «Du hast den Sieg schon in der Tasche. Denn kein Vogel fliegt kraftvoller als er.» Zu demselben sagte Antiphon: «Dummkopf, siehst du denn nicht, daß du schon besiegt bist? Denn dieser Vogel verfolgt stets andere Vögel und treibt sie vor sich her, wobei er selbst stets der letzte ist.»

(145) Eine Frau wünschte sich ein Kind. Sie war im Zweifel, ob sie schwanger sei, und träumte, ihr Schoß sei versiegelt. Ab zum Traumdeuter. Der bestritt, daß sie, da sie ja versiegelt sei, ein Kind bekommen könne. Ein anderer indes behauptete, sie sei schwanger; denn man versiegele gewöhnlich nichts, das leer sei. Worin besteht also die Kunst des Traumdeuters, der mit seinem Einfallsreichtum täuscht? Oder verraten die Beispiele, die ich angeführt habe, und die unzähligen anderen, die die Stoiker gesammelt haben, irgend etwas anderes als den Scharfsinn von Menschen, die ihre Deutung gemäß irgendeiner Analogie einmal in die eine und ein anderes Mal in die andere Richtung lenken? Ärzte gewinnen bestimmte Hinweise aus dem Puls und dem Atem eines Kranken und können aus vielen anderen Symptomen zukünftige Entwicklungen voraussagen. Wenn Steuerleute sehen, daß Tintenfische springen oder Delphine sich rasch an geschützte Stellen begeben, erkennen sie darin Anzeichen eines bevorstehenden Sturms. Dergleichen läßt sich rational erklären und un-

schwer auf die Natur beziehen; das gerade Dargelegte aber mitnichten!

Vom sinnlosen Versuch, den Zufall zu systematisieren

(146) «Aber langjährige Beobachtung (diese letzte Möglichkeit bleibt allein noch übrig) hat durch die systematische Aufzeichnung von Traumgegenständen eine Lehre hervorgebracht.» Meinst du das wirklich? Träume kann man «beobachten»? Auf welche Weise denn? Es gibt doch unzählig viele Varianten! Man kann sich nichts derart Verkehrtes, Unbegründetes und Absurdes vorstellen, daß wir es nicht träumen könnten. Wie also können wir diese unbegrenzte Zahl und die stets neuen Träume mit der Erinnerung umfassen oder sie durch deutliche Beobachtung systematisieren?

Die Astrologen haben die Bewegung der Planeten festgestellt; es wurde nämlich bei diesen Sternen eine Ordnung erkannt, die man nicht vermutet hatte. Also endlich heraus damit!: Was ist das für eine Ordnung und Erscheinungsweise bei Träumen? Wie aber lassen sich wahre Träume von trügerischen unterscheiden? Wo doch die gleichen Träume bei den einen so, bei den anderen so ausgehen und auch bei denselben Personen nicht immer auf die gleiche Weise. Mir kommt daher die Sache merkwürdig vor: Einem Lügner pflegen wir auch dann nicht zu glauben, wenn er die Wahrheit spricht. Warum sollten da deine Stoiker, wenn irgendein Traum sich mal als wahr erwiesen hat, nicht dem einen aus einer solchen Menge lieber ihr Vertrauen versagen als unzählig viele Träume aufgrund eines einzigen wahren bestätigen?

(147) Wenn nun weder ein Gott der Urheber der Träume

ist noch irgendeine Verbindung zwischen der Natur und den Träumen besteht und wenn auch durch Beobachtung kein wirkliches Wissen gefunden werden konnte, dann ist bewiesen, daß den Träumen überhaupt keine Gültigkeit zukommt. Dies um so mehr, als diejenigen, die diese Traumerscheinungen sehen, sie selbst nicht auslegen, und diejenigen, die sie auslegen, sich auf Vermutungen stützen, nicht auf die Natur. Außerdem hat der Zufall im Laufe unzähliger Jahrhunderte in allen anderen Bereichen mehr Wundersames bewirkt als bei Traumerscheinungen, und es gibt nichts Unsichereres als eine Deutung, die man in verschiedene, bisweilen sogar gegensätzliche Richtungen lenken kann.

1 Die Zwischentitel sind von der Herausgeberin eingesetzt.

2 Der Gründer der stoischen Philosophenschule (um 333–262 v. Chr.).

3 Zitat aus einer unbekannten Tragödie des römischen Dramatikers Ennius (239–169 v. Chr.).

4 Gelehrter hellenistischer Dichter aus dem 3. Jh. v. Chr.

5 Heraklit von Ephesos (um 500 v. Chr.).

6 Demokrit von Abdera (um 460 – um 370 v. Chr.).

7 «Über die Träume»

8 Der Traum wird von Quintus Cicero im 1. Buch erzählt (I 56): Danach begrub Simonides einst einen ihm unbekannten Mann, der unbestattet da lag. Im Traum riet ihm der Bestattete, wegen eines zu erwartenden Schiffbruchs nicht zur See zu fahren. Simonides befolgte den Rat. Die anderen aber, die das Schiff bestiegen hatten, kamen ums Leben.

9 Der Traum wird von Quintus Cicero im 1. Buch erzählt (I 57): Zwei Freunde kamen auf einer gemeinsamen Reise nach Megara. Dort stieg der eine bei einem Gastfreund ab, der andere in einer Herberge. Der Wirt plane einen Anschlag auf seinen Gast, träumte dem einen; er möge ihm zur Hilfe kommen. Aber er maß dem Traum

keine Bedeutung bei. In einem weiteren Traum enthüllte ihm der nunmehr Ermordete, er sei vom Wirt getötet, auf einen Wagen geworfen und mit Mist bedeckt worden. Als er am nächsten Morgen diesem Traum nachging, entdeckte er tatsächlich seinen toten Freund auf einem Wagen am Stadttor. Damit war der Wirt des Mordes überführt.

10 Quintus Cicero hatte geträumt, sein Bruder sei als Prokonsul in Asien eines Tages mit seinem Pferd in einen Fluß geritten und untergegangen. Plötzlich aber sei der tot Geglaubte wieder aufgetaucht, als wenn nichts gewesen wäre (I 58).

11 Auf dem Wege in die Verbannung träumte Cicero, er sei deprimiert in einer einsamen Gegend umhergeirrt. Da sei ihm C. Marius erschienen und habe ihn aufgefordert, guten Mutes zu sein. In seinem Ehrentempel werde er Heil finden. Tatsächlich habe der Senat dort später den Beschluß gefaßt, Cicero aus der Verbannung zurückzurufen.

12 Diese Ausführungen wurden offenbar noch vor der Ermordung Caesars am 15. März 44 v. Chr. geschrieben: Unter seiner Diktatur erschienen die republikanischen Institutionen wie ein Traum.

Traum und Traumdeutung in der griechisch-römischen Literatur – Eine Übersicht über die wichtigsten Quellen

Aristeides, Hieroi logoi (Träume als medizinische «Indikationen»; Inkubationsträume)

Aristoteles, De insomniis (Wesen und Bedeutung der Träume)

Aristoteles, De divinatione per somnum (Träume als mantische «Quelle»)

Artemidor, Oneirokritika («Traumbuch»; ausführlichste Abhandlung zur Traumdeutung mit zahlreichen Beispielen)

Cicero, De divinatione (allgemein über Techniken der Weissagung, darunter auch Traumdeutung)

Cicero, Somnium Scipionis («Traum des Scipio» im 6. Buch von «De re publica»; Vision vom Weiterleben des tüchtigen Staatsmannes)

Corpus Hippocraticum, Peri enhypnion (Träume aus medizinischer Sicht)

Inscriptiones Graecae IV² 121–124 (Inkubationsträume aus Epidauros)

Lukian, Somnium (Berufswahl durch ein Traumerlebnis)

Macrobius, Commentarii in Somnium Scipionis (Kommentar zu Ciceros «Traum des Scipio» mit allgemeinen Ausführungen auch zur Traumdeutung)

Philo, De somniis (über die Bedeutung von Träumen)

Synesios, De insomniis (Träume und Traumdeutung aus christlicher Sicht am Anfang des 5. Jh.)
Tertullian, De anima 44 ff. (Überblick über verschiedene philosophische Einstellungen zum Traum)

Quellensammlung: D. Del Corno, Graecorum de re onirocritica scriptorum reliquiae, Mailand/Varese 1969 (alle einschlägigen Quellen zur Traumdeutung bei den Griechen)

Literatur

Amory, A., The gates of horn and ivory, in: Yale Classical Studies 20, 1966, 3 ff.

Bouché-Leclercq, A., Histoire de la divinisation dans l'Antiquité, I, Paris 1879, 291 ff.

Brackertz, K., Artemidor, Das Traumbuch (Nachwort), Zürich 1979, 349 ff.

Brenk, F. E., The dreams in Plutarch's lives, in: Latomus 34, 1975, 336 ff.

Brillante, C., Studi sulla rappresentazione del sogno nella Grecia antica, Palermo 1991.

Büchsenschütz, B., Traum und Traumdeutung im Altertum, Wiesbaden 1868, ND 1967.

Del Corno, D., Graecorum de re onirocritica scriptorum reliquiae, Mailand/Varese 1969.

Del Corno, D., I sogni e la loro interpretazione nell'età dell'Impero, in: Aufstieg und Niedergang der Römischen Welt (Festschrift J. Vogt) II 16. 2., 1978, 1605 ff.

Deubner, L., De incubatione capita quattuor, Leipzig 1900.

Dodds, E. R., Die Griechen und das Irrationale, Darmstadt 1970.

Edelstein, E. J. und L., Asklepios. A collection and interpretation of testimonies, 2 Bände, Baltimore 1945.

Eijk, Ph. J. van der, Theorie und Empirie in Aristoteles' Beschäftigung mit dem Traum …, in: K. Döring (Hg.), Antike Naturwissenschaft und ihre Rezeption, IV, Bamberg o. J.

Enders, H., Schlaf und Traum bei Aristoteles, Diss. Würzburg 1924.
Frisch, P., Die Träume bei Herodot, Meisenheim 1968.
Gallop, D., Aristotle on sleep and dreams, Peterborough-Lewiston 1990.
Grillone, A., Il sogno nell'epica latina, Palermo 1968.
Guidorizzi, G., Il sogno in Grecia, Bari 1988.
Hahn, I., Traumdeutung und gesellschaftliche Wirklichkeit. Artemidorus Daldianus als sozialgeschichtliche Quelle, Konstanz 1992.
Herzog, L., Die Wunderheilungen von Epidauros, Leipzig 1931.
Hey, F. O., Der Traumglaube der Antike, München 1908.
Hopfner, Th. Art. «Traumdeutung», in: Paulys Realencyclopädie VI A, 1937, 2233 ff.
Hundt, J., Der Traumglaube bei Homer, Greifswald 1935.
Jürß, F., Zum Problem des Traums, in: Artemidor, Traumkunst, übers. v. F. S. Krauss, hg. v. G. Löwe, Leipzig 1991.
Kemper, W., Der Traum und seine Be-Deutung, Hamburg 1955.
Kenner, H., Art. «Oneiros», in: Paulys Realencyclopädie XVIII 1, 1939, 448 ff.
Kessels, A. H. M., Studies on the dream in Greek literature, Utrecht 1978.
Kurth, W., Das Traumbuch des Artemidorus im Lichte der Freudschen Traumlehre, in: Psyche 4, 1951, 448 ff.
Lang, W., Das Traumbuch des Synesios von Kyrene. Übersetzung und Analyse der philosophischen Grundlagen, Tübingen 1926.
Lennig, R., Traum und Sinnestäuschung bei Aischylos, Sophokles, Euripides, Diss. Tübingen 1969.

Lewis, N., The interpretation of dreams and portents, Toronto 1976.
Lieshout, R. G. A. van, Greeks on dreams, Utrecht 1980.
Luck, G., Magie und andere Geheimlehren in der Antike, Stuttgart 1990.
Meier, C. A., Antike Inkubation und moderne Psychotherapie, Zürich 1949.
Preisendanz, Art. «Oneiropompeia», in: Paulys Realencyclopädie XVIII 1, 1939, 440 ff.
Roccataglia, G., A history of ancient psychiatry, New York 1986.
Schröder, H. O., Publius Aelius Aristides, Heilige Berichte (Übers. und Komm.), Heidelberg 1986.
Steiner, H. R., Der Traum in der Ilias, Bern/Stuttgart 1952.
Weinrich, O., Antike Heilungswunder, Gießen 1909.

Weitere Titel aus dem Artemis & Winkler Verlag

Karl-Wilhelm Weeber
Decius war hier …
Das Beste aus der römischen Graffiti-Szene

168 Seiten mit 150 Abbildungen
Englische Broschur

ISBN 3-7608-1131-0

Schon in der römischen Antike wurden Frust und Freude des täglichen Lebens Hauswänden und Mauern anvertraut, wie eine große Zahl von Graffiti an den Wänden Pompeijs bezeugt. Die spontanen Botschaften geben – was von der Forschung bislang weitgehend unbeachtet blieb – einen sehr direkten Einblick in das römische Alltagsleben; neben Liebeserklärungen, Tagesaktualitäten, Grußbotschaften u. a. fand auch Freches und Obszönes seinen Platz.

In einer thematisch gegliederten Auswahl werden im vorliegenden Buch 600 Graffiti im Original und als Übersetzung wiedergegeben, viele davon auch als Umzeichnung abgebildet.

Eine äußerst vergnügliche Lektüre, die von der Vielfältigkeit des römischen Alltagslebens zeugt.

Karl Bayer
Expressis Verbis
Lateinische Zitate für alle Lebenslagen

Zweisprachig deutsch-lateinisch
702 Seiten, Leinen

ISBN 3-7608-1128-0

Karl Bayer, der große Kenner antiker Lebensweisheiten, legt mit diesem Buch eine Sammlung von lateinischen Zitaten vor, die Situationen aufzeigen, in die einen das Leben stellt, von der Wiege bis zur Bahre, vom Himmelhoch-Jauchzen bis zum Zu-Tode-betrübt-Sein. Obwohl oft über 2000 Jahre alt, bestechen diese Texte zu allem Menschlich-allzu-Menschlichen immer wieder durch ihre überraschende Aktualität.

Die Lektüre stimmt heiter und nachdenklich zugleich.

Artemis & Winkler

0004/
9,95